カンタン！
わかる・話せる・聞き取れる
みんなの英文法マン

参上！

中高6年分の英語まるっと入門

FOR ENGLISH BEGINNERS

① 英文法は4技能（聞く・話す・読む・書く）に先立つ土台！

英文法の基礎知識は4技能を伸ばすために欠かすことのできないルールです。身体で例えるならば、英文法は「骨」、英単語は「肉」。骨が弱っちいままだと、中途半端な英語力しか身につきません。そこで…

② 世界でいちばん読みやすい文法書がついに登場！

キャラクターたちのトークで一緒に「なるほど！」を体感しましょう。これまではとにかく規則を丸暗記すればよいと思っていた人の思考回路に大きな変化が起こるでしょう。

③ どうしてWillをWouldにすると、丁寧になるの？

Would（過去形）にすることで、現実との距離を作ります。それが遠慮の距離感、つまり丁寧になる理由です。ルールや言葉を暗記するのではなく、ネイティブの頭の中がまるみえになるくらい英語を深く理解することを本書では重視しています。

by 宮野智靖、ミゲル・E・コーティ

本書の使い方
How to

ステップ 1

第1話～第58話まで、多くのお話は4～6ページと短めに区切られています。知りたいことや苦手に思ってきたテーマから先に読んでいくこともできます。

CD 00

①会話例（日本語→英語）と ②水色の ● 印や ➡ 印が付いた英文は、ネイティブスピーカーの音声がCDに収録されています。音声データはダウンロードも可能です。（12ページ参照）

ステップ 2

ネコ姫の素朴な疑問に、英文法マンが答えていきます。

ステップ 3

ときどきナンナンダーが難しい文法用語を持ち出してきます。しかし、英文法マンがうまく説明してくれるので安心してください。

ステップ
4

トークの内容をより深く学ぶ英文法マンの解説コーナーです。語彙力や表現力も同時にアップしますので、しっかりと目を通しましょう。

第43講 従属接続詞をチェック！

「時や条件」を表す副詞節中では・・・

when や if などの「時」や「条件」を表す接続詞を用いると、その副詞節中では、これからのこと（未来）であっても「実際にあること、実際に起こること」と考え、「現在形」を用います。

- When she returns to the office, I will give her your message.
（彼女が会社に戻ってきましたら、伝言を伝えておきます）
- If the weather is good tomorrow, let's go swimming at the beach.
（明日天気がよければ、ビーチに泳ぎに行きましょう）
- Please call me as soon as you get home.
（帰宅後すぐに私に電話をしてください）
- I'll call you after I have finished my homework.
（宿題を終えたら、電話するからね）

現在完了形はあくまでも現在なので、このように用いることができるわけだ。この文の場合は、after I finish my homework と言うこともできるぞ。

- Could you lend me the book when you have read it?
（その本を読んだら、私に貸してもらえますか）

この文の場合は、「本を読み終えたら相手に貸せる」わけだから、when you read it と言うことはできないぞ。

266

Exercise

1 日本語の意味に合うように（　）に適当な接続詞を入れてください。

1 （　）it was raining very hard, she went grocery shopping.
（雨がとても激しく降っていましたが、彼女は食料品を買いに出かけました）
2 The problem is （　）they have no incentive to work hard.
（問題は彼らに熱心に働こうという気がないということです）
3 Please don't talk to me （　）I'm studying.
（私が勉強をしている間は、話しかけないでください）
4 It depends on （　）it will rain or shine tomorrow.
（それは明日雨が降るか晴れるかにかかっています）
5 （　）you've learned the basics, you can apply them to other things.
（いったん基本を学んでしまえば、他のことにも利用することができます）

解答 [1] ① Though/Although
② that
③ while
④ whether
⑤ Once

Chapter 8 接続詞・前置詞

267

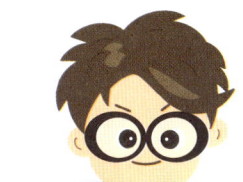

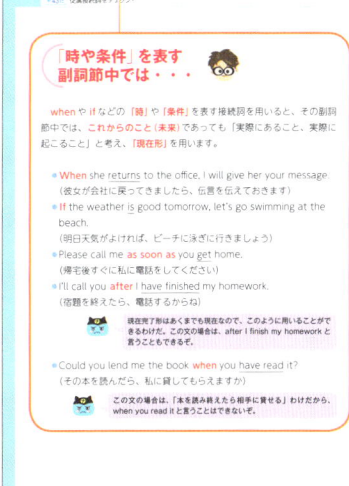

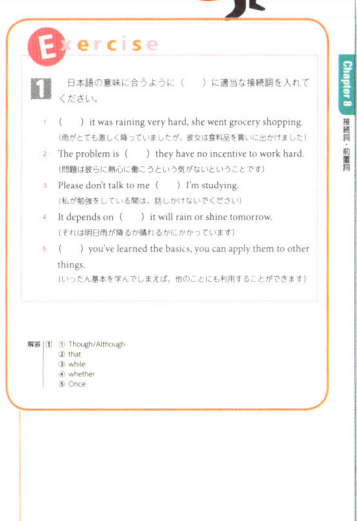

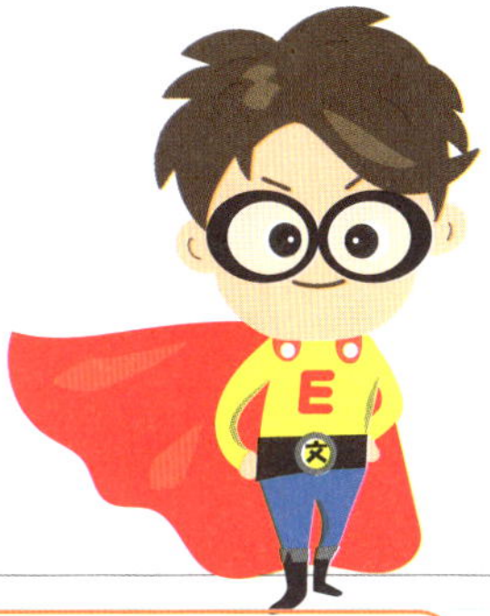

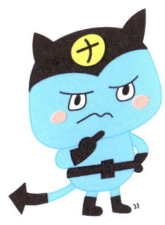

ステップ
5

各講義で学んだ事柄をチェックするためのExercise（練習問題）とその解答です。問題を解くことで、学んだことがしっかり身につきます。

登場するキャラクターたち
Character

英文法マン

英語を学ぶ人たちの正義の味方。英文法をカンタン、明快に教えてくれます。すぐに使える実用的な例文も音声つきで紹介します。

ネコ姫(ひめ)

まだ英語がうまく話せない子ネコ。英語に対して多くの人が抱いている素朴な疑問を代弁(べん)し、英文法マンに分かりやすく解説するよう迫(せま)ります。

ナンナンダー

難しそうな文法用語を持ち出し、猫姫の頭を混乱させようとします。その一方で、時には絶妙なタイミングで英文法マンが語る解説を補う役目も果たします。

品詞ちゃんたち

名詞、動詞、形容詞、副詞の4つをビジュアル化。英語の語順やそれぞれの語の役割を、パッと見で理解できます。

目次 Contents

Chapter 1 　文のしくみと種類 ……… 13

- 第 1 話　英語は頭と胴体でできている ……… 14
- 第 2 話　ステーキはお好き？ ……… 18
- 第 3 話　胴体を動かすための動詞 ……… 22
- 第 4 話　4つの品詞、ついに登場！ ……… 28
- 第 5 話　4つの品詞の仕事ぶり！ ……… 32
- 第 6 話　英会話で超頻出の「だよね？」 ……… 36
- 第 7 話　わあ！ まあ！ と驚きを伝える ……… 40

Chapter 2 　時制 ……… 45

- 第 8 話　現在 ……… 46
- 第 9 話　過去 ……… 52
- 第 10 話　未来 ……… 56
- 第 11 話　完了形とは？① ……… 62
- 第 12 話　完了形とは？② ……… 66
- 第 13 話　完了形とは？③ ……… 70
- 第 14 話　進行形 ……… 78

Chapter 3 　名詞・代名詞・冠詞 ……… 83

- 第 15 話　名詞さん、あなたの正体は？ ……… 84
- 第 16 話　意味が変わる名詞さん ……… 88
- 第 17 話　名詞をくり返さない人称代名詞 ……… 92
- 第 18 話　こなれた英語を話すための代名詞 that ……… 98
- 第 19 話　不特定の人や物の代名詞 ……… 106
- 第 20 話　冠詞ちゃん登場 ……… 114
- 第 21 話　不定冠詞・定冠詞 ……… 120

Chapter 4　助動詞 ･････ 127

- 第22話　助動詞って何者？ ･････････････ 128
- 第23話　丁寧な助動詞 ････････････････ 136
- 第24話　よくまちがえる助動詞 ･･････････ 140
- 第25話　後悔や非難･･･の助動詞 ･･････････ 152
- 第26話　される側の身になる受動態 ･･････ 158

Chapter 5　形容詞・副詞 ･････ 165

- 第27話　形容詞ってどう使う？ ･･････････ 166
- 第28話　形容詞の語順 ････････････････ 170
- 第29話　副詞は飾りのスペシャリスト ････ 174
- 第30話　副詞でわかる「どのくらい」････････ 178
- 第31話　まぎらわしい副詞をすっきり整理 ･･ 182
- 第32話　比較する英語表現 ･････････････ 190

Chapter 6　疑問詞・関係詞 ･････ 197

- 第33話　文の中の疑問文 ･･････････････ 198
- 第34話　think、suppose、imagineなどの間接疑問文 ･･ 202
- 第35話　短い英文どうしをくっつけてくれる架け橋 ･･ 206
- 第36話　場所・時・人・理由は関係副詞でくっつける ･･ 214

Chapter 7 不定詞・動名詞・分詞 …… 221

- 第37話 to不定詞のなぞを解く！……………………………… 222
- 第38話 原形不定詞ってナンなの？………………………… 228
- 第39話 不定詞の意味上の主語……………………………… 232
- 第40話 動名詞って動詞が名詞になったもの？………… 236
- 第41話 分詞ってそもそもナンなの？……………………… 246

Chapter 8 接続詞・前置詞 …………… 253

- 第42話 接続詞で語や文をつなぐ！………………………… 254
- 第43話 従属接続詞をチェック！…………………………… 260
- 第44話 前置詞って2つ続いてもいいの？………………… 268

Chapter 9 仮定法・否定 …………… 277

- 第45話 仮定法は魔法の用法？……………………………… 278
- 第46話 ifの省略と仮定法の慣用表現……………………… 286
- 第47話 notなしで否定できる語…………………………… 294
- 第48話 部分否定と全体否定………………………………… 298
- 第49話 二重否定は肯定……………………………………… 304

10

Chapter 10 話術を高める ……… 311

- 第50話 時制の一致 ……………………………… 312
- 第51話 話法で英会話が引き立つ！ ……………… 318
- 第52話 無生物主語って理科？ …………………… 324
- 第53話 ひっくり返すと何になる？ ……………… 330
- 第54話 It is〜thatで強調してみる ……………… 336
- 第55話 doを用いた強調 …………………………… 342
- 第56話 反復による強調表現の技 ………………… 348
- 第57話 主語＋be動詞って省略できるの？ ……… 354
- 第58話 2つを並べる同格の技 …………………… 360

音声ダウンロードの　しかた
Download

① **パソコンからインターネットで専用サイトにアクセス**

　Jリサーチ出版のホームページから『みんなの英文法マン』の表紙画面を探してクリックしていただくか、下記のURLを入力してください。

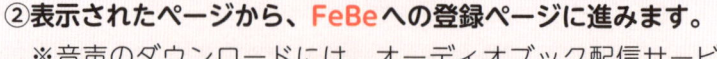

② **表示されたページから、FeBeへの登録ページに進みます。**

　※音声のダウンロードには、オーディオブック配信サービスFeBeへの会員登録（無料）が必要です。

③ **登録後、シリアルコードの入力欄に「23119」を入力して「送信」をクリックします。**

④ **「音声を本棚に追加する」のボタンをタップします。**

⑤ **スマートフォンの場合はアプリ「FeBe」の案内が出ますので、アプリからご利用ください。PCの場合は、「本棚」から音声ファイルをダウンロードしてご利用ください。**

ご注意

- ダウンロードには、オーディオブック配信サービスFeBeへの会員登録（無料）が必要です。
- PCからでも、iPhoneやAndroidのスマートフォンからでも音声を再生いただけます。
- 音声は何度でもダウンロード・再生いただくことができます。
- ダウンロードについてのお問い合わせ先：info@febe.jp
（受付時間：平日の10時〜20時）

Chapter 1

文の しくみと 種類

英語の形（ボディ）は
思ったよりシンプルです。

第1話 英語は頭（あたま）と胴体（どうたい）でできている

key 英語は頭の部分（主語）を決めるところから始まる！

My mother	is a nurse.
（私の母は）	（看護師です）
頭（＝主部）	胴体（＝述部）

さあ、第1回目のお話です。まず、英語の基本的な構造から理解しましょう。構造といっても、いたってシンプルですよ。

英語は二頭身

頭　　胴体

なぜなら、
英語も人間とおなじで、**頭**と**胴体**でできているからです。

14

 ニャンだ、あいつは！

 ちがうちがう！
英語は主部と述部でできているんだぞー。

 なんか急にむずかしくなるニャン。

 はい。僕が言った**頭**は**主部**、**胴体**は**述部**とも言われますが、言葉で覚えるよりも、**イメージ**で覚えるほうがカンタンです。例文をイメージで表すと、

 それで、これがわかったところで、どうなるニャン？

 言葉を話すとき、たいてい「私は昨日公園で遊んだ」「先生が宿題をやってこいって言った」など、〈誰が〉がハッキリしているほうが、聞く方は分かりやすいですね。この〈誰が〉を最初に口にするのが英語なんです。

 日本語だと「昨日、私は公園で遊んだ」「公園で私は遊んだんだよ、昨日」とか、いろいろだニャ。

> 第1話 英語は頭と胴体でできている

はい。日本語はいろいろだけど、英語は〈誰が〉がいつも頭に来るんです。そのことをしっかり覚えておいてください。

Warm-up

頭と胴体のさかいめに線を入れてください。

① A little girl is playing in the park.
 （幼い女の子が公園で遊んでいます）

② The cell phone on the table is mine.
 （テーブルの上にある携帯電話は私のです）

答え

① A little girl / is playing in the park.

② The cell phone on the table / is mine.

Exercise

1 頭と胴体のさかいめに線を入れてください。

① A lot of people came to the concert.
② Tom and Jerry are very good friends.
③ Learning English is a lot of fun.
④ The man standing over there is my brother.
⑤ The number of traffic accidents has increased in recent years.

解答 1 ① A lot of people ／ came to the concert.
(多くの人がコンサートに来ました)
② Tom and Jerry ／ are very good friends.
(トムとジェリーはとても仲の良い友達です)
③ Learning English ／ is a lot of fun.
(英語を学ぶことはとても楽しいことです)
④ The man standing over there ／ is my brother.
(あそこに立っている男性は私の兄です)
⑤ The number of traffic accidents ／ has increased in recent years.
(ここ数年で交通事故の件数は増えています)

第2話 ステーキはお好き？

key 胴体をさがせ！

> Ⓐ **Do you like steak?**
> （ステーキはお好きですか）
>
> Ⓑ **No, I'm a vegetarian.**
> （いいえ、私はベジタリアンなんです）

頭のことがだいたいわかったら、次は**胴体**を学んでみましょう。さて、会話例のⒷの頭はどこでしょう？

Iでしょ、そりゃあ。

では、**胴体**は？

I'm a vegetarian. の
am a vegetarian でしょ、たぶん。

くーっ。正解です。

18

悔しがんニャよ。あと、猫ニャめんな。

 君たちが**胴体**なんて言ってるものは、動詞、目的語、補語のことだな。

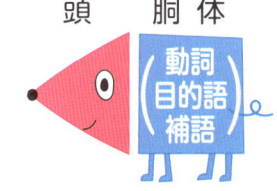

 だからさー、むずかしく言わニャいで。**胴体**でいいニャン。

 会話例のⒶのDo you like steak? のlikeの意味は「好きだ」ですが、「好きだ」と言う以上、「何を」好きか、聞く人に伝えたいですよね？

 もちろんニャ。

 では、何を好きなのでしょうか？

 かつお節ニャン。

 君じゃなくて、例文の中です！

 steak（ステーキ）ニャン。

Chapter 1 文のしくみと種類

 ナンナンダーが言った**目的語**とは、そのことなんです。つまり「何が好き」の〈何が〉のところ。好きの対象（目的）ということです。

 ニャるほど。じゃあ、例えば She likes cats. だったら、cats が目的語っていうわけニャ。

- I saw **a rainbow** from the balcony.
（私はベランダから虹を見ました）
- She can speak **French** well.
（彼女はフランス語を上手に話せます）
- Don't touch **it**.
（それに触れないでください）

 そのとおりです。では次に、I'm a vegetarian. という文を考えてみましょう。この文では、I＝a vegetarian ということがわかりますか？ このように**主語**が「何であるか」「どんな状態にあるか」を補足する語を**補語**といいます。ここでは a vegetarian が補語です。

- He was brave.
（彼は勇敢でした）　[**He ＝ brave**]
- They made Kate their leader.
（彼らはケイトをリーダーにしました）　[**Kate ＝ their leader**]

Exercise

1 次の各文の目的語は何ですか。

① I saw your sister last night.
② He didn't say anything to us.
③ She is teaching biology at high school.
④ My mother bought me a new dress.

2 次の各文の補語は何ですか。

① He got angry with me.
② We became friends a long time ago.
③ She left the door open.

解答 1 ① your sister
(私は昨晩あなたのお姉さんを見かけました)
② anything
(彼は私たちに何も言いませんでした)
③ biology
(彼女は高校で生物学を教えています)
④ me (間接目的語) / a new dress (直接目的語)
(母は私に新しいドレスを買ってくれました)

2 ① angry
(彼は私に腹を立てました)
② friends
(私たちはずいぶん前に友達になりました)
③ open
(彼女はドアを開けっ放しにしました)

第3話 胴体を動かすための動詞

自動詞・他動詞ってなんだ？
目的語を取るか取らないか！

Ⓐ **What happened?**
（どうしたの？）

Ⓑ **I broke my leg.**
（足の骨を折ったんだ）

胴体でもっとも大切なものは、**動詞**です。体を動かすための心臓みたいなものです。クルマでたとえるとエンジンですね。

あたしの胴体にも心臓あるニャン。

会話例の２つの文ではどれが**動詞**だと思いますか？

たぶん happened と broke ニャン。

 そう。happened は happen（起こる）の過去形で、broke は break（折る）の過去形ですね。では、意味以外にこの2つ、何がちがうと思いますか？

 わかんニャい。

 そんなこともわからないのか！

 また出たよ・・・

 happened は**自動詞**、broke は**他動詞**なんだぞ。

 動詞の前にニャに付けてるニャン。

 第②話でやった**動詞**の**「目的語」**が関係します。動詞くん、ご登場ください。

2つの例文をよーく見てください。happened の後ろには何もないけど、broke の後ろに my leg がありますよね。

ほんとだ。それが大きな違いなの？

そうなんです。happened の後ろには目的語がありません。つまり、動詞そのもので完結できます。**自分で完結できる動詞**を「**自動詞** 」と言います。一方、broke は後ろに目的語の my leg が置かれています。動詞そのもの、つまり自分では完結できなくて、my leg という他の語を呼んできていますね。**他といっしょに機能する動詞**なので、「**他動詞** 」といいます。

 だから、動詞くんは双子ニャンだー。しかも性格がまるっきりちがう感じ。お兄さんの自動詞くんはなんでも自分でできちゃうけど、弟の他動詞くんは「目的語」を呼んでこないと動けないんだね。

そう、**キーは目的語**。では、それぞれの例を紹介しておきましょう。

自動詞でよく使う動詞だ！

happen（起こる）、**come**（来る）、**go**（行く）、**arrive**（到着する）、**wait**（待つ）、**die**（死ぬ）、**listen**（聞く）

- He will **come** here tomorrow.（彼は明日来ます）
- Please **wait** for me.（私を待ってください）

上の2つの文には、「**目的語**」がありません。だから、**自動詞**です。

次に、**自動詞・他動詞の両方**の用法を持つ動詞を見てみましょう。ここでは sing を例に考えてみます。

(A) She **is singing**.（彼女は歌を歌っています）
(B) She **is singing** a song.（彼女は歌を歌っています）

この2つの文の意味は全く同じですが、(A) には目的語がないので、**自動詞**として使われていることがわかります。一方、(B) には a song という目的語があるので、**他動詞**として使われています。

他動詞でよく使う動詞だ！

marry（〜と結婚する）、**enter**（〜に入る）、**mention**（〜について述べる）、**discuss**（〜について話し合う）、**reach**（〜に到着する）、**approach**（〜に近づく）、**oppose**（〜に反対する）、**accompany**（〜に同伴する、〜を伴う）、**resemble**（〜に似ている）

- He **married** her.
  (彼は彼女と結婚した)
- We **discussed** the problem.
  (我々はその問題について話し合った)

　これからは、辞書を引く度に、それぞれの動詞が文中で自動詞と他動詞のどちらで用いられているのかを確認するようにしてください。辞書では、**自動詞**は自または vi. (= intransitive verb)、そして**他動詞**は他、または vt. (= transitive verb) と表示されています。

Exercise

1 次の各文の下線部の動詞は自動詞か他動詞のどちらで使われていますか。

① They were laughing heartily.
② I love chocolate.
③ My aunt lives in Seattle.
④ He studies English every day.
⑤ It rained yesterday.

解答 　1　① 自動詞（彼らは心から笑っていました）
　　　　② 他動詞（私はチョコレートが好きです）
　　　　③ 自動詞（おばはシアトルに住んでいます）
　　　　④ 他動詞（彼は毎日英語を勉強しています）
　　　　⑤ 自動詞（昨日雨が降りました）

第4話 4つの品詞、ついに登場！

品詞の役割がわかると、英語がもっと見えてくる！

英語には主な登場人物がいます。

どんなやつらが出てくるニャ？

名詞、動詞、形容詞、副詞の4つ。
彼らは英語を構成する**4大品詞**です。

（名詞さん）　（動詞くん）　（形容詞さん）（副詞くん）

どんな仕事をしているニャ？

 直接、彼らに聞いてみましょう。
ミス名詞さん、君には何ができますか？

 私は頭にいることもあるし、胴体にいることもあります。**「名」**という字が入っているとおり、**人やモノの名称**にたずさわっています。

 次はミスター動詞くん、
君はふだん何をしていますか？

 僕は基本的に胴体にいます。**「動」**という字が入っているように、**体を動かす**のが僕の役目です。

 つづいてミス形容詞さん。
君はいったい何をしている品詞ですか？

 私は胴体にいることが多く、主に**名詞さんをサポート**しています。第 2 話で出てきた補語の役割もよくします。とにかく**「形」**という字が入っているとおり、**名詞さんのことを分かりやすく（形で）示してあげて**いるんです。

 ラストはミスター副詞くん。
君の仕事を教えてくれますか？

 僕も主に胴体担当です。形容詞さんが名詞さんをサポートするように、僕は**動詞くんだけでなく、形容詞さん、そして自分自身のサポート**もしています。

第4話 4つの品詞、ついに登場！

でも、英語には冠詞や前置詞という品詞もいるぞ。

そうですが、最初はこの4つが主役で大丈夫です。

4つの品詞が主役だ！

英語の単語は、主に次の**8つの品詞**に分けられます。

1　動詞
2　名詞
3　形容詞
4　副詞
5　代名詞
6　前置詞
7　接続詞
8　間投詞

助動詞や冠詞も入れると10になりますが、助動詞は動詞に、冠詞は形容詞に含めれば、8つということになります。

まずは、**1～4の品詞が主役**と覚えておけばよいでしょう。

Exercise

1 次の各文について、指示された品詞を選んでください。

① 形容詞はどれですか。

What is your favorite sport?

② 動詞はどれですか。

I have to iron my shirts.

③ 副詞はどれですか。

He speaks slowly.

④ 名詞はどれですか。

The next meeting will be held at 2:30 P.M.

解答 1 ① favorite
(あなたの好きなスポーツは何ですか)
② iron
(シャツにアイロンをかけなくてはいけません)　**発音注意！** アイアン [áiərn]
③ slowly
(彼はゆっくりと話します)
④ meeting
(次の会議は2時30分からです)

第5話 4つの品詞の仕事ぶり！

> 🔑 4つの品詞はバリバリ働く！

 4つの品詞のだいたいの位置関係はわかったけど、まだどんな仕事をしているのか、さっぱりだニャン。

 彼らには5つの仕事が与えられています。

（名詞さん）　（動詞くん）　（形容詞さん）（副詞くん）

①頭になる　②胴体になる　③目的語　④補語　⑤修飾(しゅうしょく)

まず名詞さんは①と③どちらにも行くことがあります。次の例文では、③の仕事も任されています。ただし、動詞くんは②の動詞（likes）に向かっています。

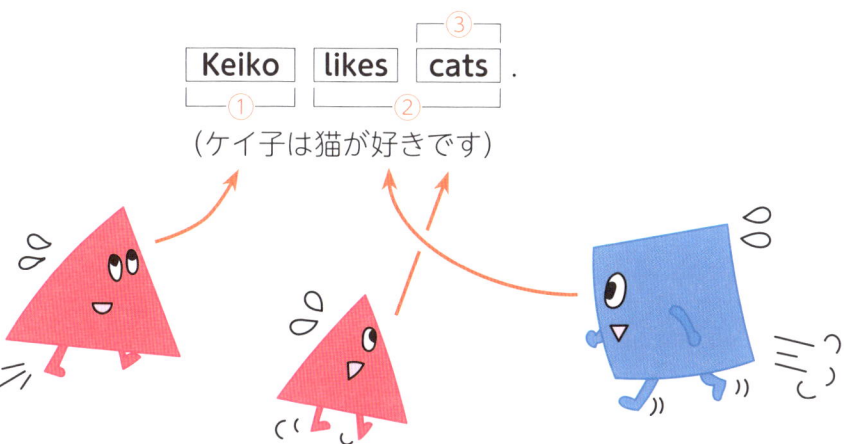

うん、名詞さんは①にも、③にも向かってるニャ。

はい、①は主語、③は第2話に出てきた目的語ですね。

名詞さんは一人じゃニャいんだ。

一人とは限りません。英文の中にはいくつかの名詞さんが、いっしょに登場することがけっこう多いんです。では、次の例文を見ていきましょう。

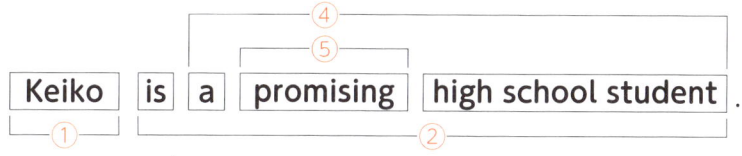

（ケイ子は将来有望な高校生です）

第5話 4つの品詞の仕事ぶり！

ニャ、第2話に出てきた補語だニャン。

はい、①＝④の方程式になっていますね。ところで、初登場の役割が⑤の**修飾**です。これは**「飾る」**という文字からもわかるように、名詞をより詳しく説明するために形容詞で飾っているわけですね。

形容詞さんはここで登場するんだニャン。

はい。自己紹介のときに言っていたように、主に胴体のほうにいることが多いです。しかし、実際には頭のほうにも、形容詞さんは行くことができます。

My new car was expensive.（私の新車は高かったです）のような文の場合、頭の My new car を見ると、形容詞 new が名詞 car を修飾していることがわかりますね。この文の場合、胴体にも形容詞 expensive が使われています。

このように1つの文の中で、頭と胴体の両方に形容詞さんが出てくるパターンもあるので、頭の片隅に入れておいてください。

Exercise

1 次の各文の（　）内の語のうち、正しい方を選んでください。

① アキ子はいつも私を幸せな気分にしてくれます。
Akiko (almost, always) makes me happy.

② この地域では雪はほとんど降りません。
We have (little, a little) snow here.

③ あなたにとって、それで都合がつきますか。
Is it (convenient, convenience) for you?

④ あとでお話ししますね。
I will talk to you (late, later).

⑤ この歌はきっと大ヒットします。
This song is (certain, certainly) to become a big hit.

Chapter 1　文のしくみと種類

解答　1　① always
② little
③ convenient
④ later
⑤ certain

第6話 英会話で超頻出の「だよね？」

相手に「同意」や「確認」を求めるワザ！

Ⓐ **Carl is friendly, isn't he?**
（カールはフレンドリーね）

Ⓑ **Yeah, he sure is.**
（うん、確かにね）

英語で You like chocolate, don't you? って言われたニャン。

「チョコレート好き、**だよね？**」という意味ですね。

いつもコンマの後に、don't you? を付ければいいんだニャン？

そんな単純なものではありません。たとえば、会話例のⒶでは Carl is friendly, isn't he? となっていますね。コンマの前の主語は Carl、動詞は be 動詞の is だから、最後は isn't he? となっているわけです。

36

これを**付加疑問文**というんだぞ。

ふ、ふか…なんニャの？

むずかしく考える必要はありません。

- 「好きだ」と肯定している
  You like chocolate.
  ⬇
  , don't you?

- not を付けて「好きじゃない」と否定している
  You don't like chocolate.
  ⬇
  , do you?

このように
コンマ前　not なし　➡　not 付きの疑問文を加える
コンマ前　not あり　➡　not なしの疑問文を加える

という普通の文にコンマを入れ、**疑問文**を**付け加**えることによって、「だよね？」「じゃなくって？」と**同意**または**確認**を求めているわけです。

なるほどニャ。意味的にはいつも「だよね？」くらいに覚えておけばいいの？

第6話 英会話で超頻出の「だよね？」

はい。ただし、**イントネーションに注意する**必要があります。

- Bob isn't a college student**, is he?** ↘

    イントネーションを下げると、相手に「同意」を求める言い方になります。
    (ボブは大学生ではないよね)

- Bob isn't a college student**, is he?** ↗

    イントネーションを上げると、相手に「確認」を求める言い方になります。
    (ボブは大学生ではないんでしょ？)

付加疑問文の4つのパターン！

(1)〈肯定文 ＋ 否定疑問文〉

> 主語 Jim は「だよね？」では he にするニャ。

- Jim can ski**, can't he?**

    (ジムはスキーができますよね)

(2)〈否定文 ＋ 肯定疑問文〉

- Mary didn't come**, did she?**

    (メアリーは来なかったんですね)

(3)〈命令文 ＋ will you?〉

> 命令文のあとの will you? を上げて言うと、穏やかに聞こえるニャ。

- Clear the table**, will you?**

    (テーブルを片づけてくれる？)

(4) 〈Let's 〜 + shall we?〉

> Let's 〜のあとの shall we? と音を上げて言うと、和らいだ提案に聞こえるニャ。

- Let's go shopping, **shall we?**

（買い物に行きましょうか）

※〈Let's 〜, shall we?〉は、今のアメリカでは少し古い言い方になっています。近ごろは〈Let's 〜, okay?〉を使う人が増えています。

Exercise

1 次の各文に付加疑問文を付けてください。

① This soup tastes good.
② Nothing happened.
③ Eric hasn't arrived yet.
④ Open the door.
⑤ Let's go to the amusement park.

解答 | 1 | ① This soup tastes good, doesn't it?
（このスープはおいしいですね）
② Nothing happened, did it?
（何も起こらなかったですね）
③ Eric hasn't arrived yet, has he?
（エリックはまだ着いていませんね）
④ Open the door, will you?
（ドアを開けてくれる？）
⑤ Let's go to the amusement park, shall we?
（遊園地に行こうよ）

第7話 わあ！まあ！と驚きを伝える

key: What と How を正しい語順で使い分ける！

Ⓐ **Here are some flowers for you, Cindy.**
（シンディー、お花をどうぞ）

Ⓑ **Wow! How beautiful!**
Thank you so much.
（わぁ！ 何てきれいなの！ 本当にありがとう）

今回はカンタンな感嘆文についてチェックしましょう。

それってダジャレ？

いえ…

まあ、どっちでもいいけど、とにかくむずかしそうな言葉は使わないでニャン。

大丈夫です。感嘆文とは、わっ！ と驚いたときに使える英語表現だと思ってください。**What** と **How** で始めて、最後は**びっくりマーク**で終わらせる。ただ、それだけです。

そのびっくりマークのことを**「感嘆符」**と言うぞ。さらに英語では、「！」を exclamation mark（エクスクラメーション・マーク）と言う。

ここで一番大切なのは、**語順**です。きれいな花をもらったら、その美しさに感動しますよね。そんなとき、会話例のⒷのように **How** beautiful**！** と言います。

〈How ＋ 形容詞か副詞 ＋ 主語 ＋ 動詞！〉という順序です。

How の直後にくる**形容詞**や**副詞**の意味を強調しているわけです。

でも、〈主語＋動詞〉の部分がこの文にはないニャ？

驚き表現の感嘆文では**〈主語＋動詞〉**は**省略**できます。ここでは、How beautiful they are! の they are（花たち）を省略しているのです。言わなくてもわかることは日本語だって省略しますよね。それと同じ感覚です。そしてすべて「！」のところでイントネーションを下げます。

- **How** *smart* you are**！**
  （君は何て賢いの！）
  ※ You are very smart. を感嘆文にしたもの

- **How** *fast* he runs**！**
  （彼は何て速く走るんでしょう）
  ※ He runs very fast. を感嘆文にしたもの

第7話 わあ！まあ！と驚きを伝える

さらに **What** で始まるときもあります。

〈**What（a/an）＋形容詞＋名詞＋主語＋動詞！**〉という順序です。

この場合は、What 直後の **「形容詞＋名詞」** の意味を強調します。

a/an は何なのニャ？

冠詞と言うぞ。

第 20 話と第 21 話でくわしく話しますが、名詞の個数が 1 つであれば、a や an を付けなければなりませんが、2 つ以上（複数）あれば付ける必要はありません。
こんな感じです。

- **What** *a beautiful garden* it is**!**
（何てきれいなお庭でしょう）

- **What** *friendly dogs* they are**!**
（何て人懐こい犬たちでしょう）

実際の会話では **What** を用いた感嘆文の方が、**How** を用いた感嘆文よりも広く用いられます。

Exercise

1 次の日本語を感嘆文を用いて、英訳してください。

① これは何て大きなカボチャなの！（文頭を What で）
② 彼女は何て速く泳ぐんでしょう。（文頭を How で）
③ 何ていい日なんでしょう。（文頭を What で）
④ 何ていい天気なんでしょう。（文頭を What で）
⑤ 本当によくおいでくださいました。（文頭を How で）

解答 1 ① What a big pumpkin this is!
② How fast she swims!
③ What a nice day (it is) !
④ What nice weather (we are having) !
⑤ How nice (it is) of you to come!

Coffee Break

名詞さん、動詞くん、形容詞さん、副詞くんが集まって、

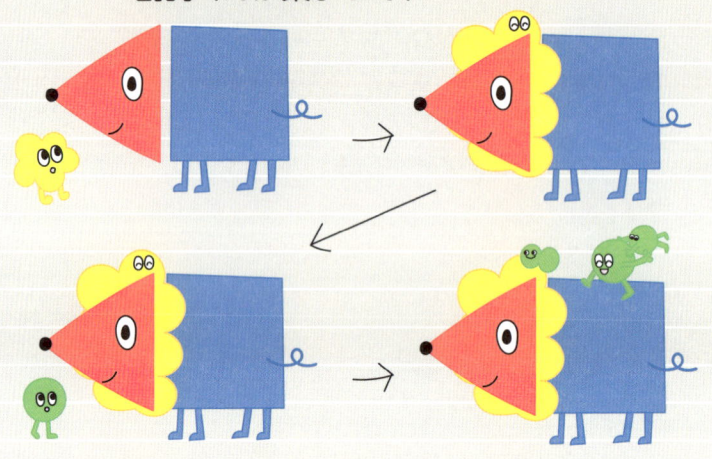

品詞ライオン誕生！

Chapter 2

時制

それはいつのことなのか、
「現在」「過去」「未来」の
3つの表し方を学びます。

第8話 現在

key: 3人称単数では、動詞にsを忘れない！

> Ⓐ **Where do your parents live?**
> （ご両親はどちらにお住まいですか）
>
> Ⓑ **They live in Hiroshima.**
> （広島に住んでいます）

時間の関係を表す動詞の形式を **「時制」** と言います。

その言葉は聞いたことあるニャ。

そして、英語には通常、「現在」「過去」「未来」の3つの基本時制があると言われます。会話例のⒶでは「どちらにお住まいですか」と聞いていますが、これは3つのうち、どの時制でしょうか？

今、住んでいるところを聞いているから「現在」だニャ！

	現在 (〜です)	過去 (〜でした)	未来 (〜だろう)
be動詞	am is are	was were	will be is going to be
動詞	live	lived	will live is going to live

はいそうです。「住んでいる」は現在、「住んでいた」なら過去、「住むつもり」となると未来だということですね。

厳密に言うと、英語には
現在時制と過去時制の２つしかないぞ！

実はそうなんです。たとえば現在形の動詞 live を過去形にすると lived となります。こういう動詞の形の変化を「活用」といいますが、英語には、「未来形」という「動詞の活用形」がないのです。

なかったら、どうやって表現するのかニャ？

未来のことは、主に will や be going to などを動詞の原形の前に置く形で表します。これらについては、第 10 話で詳しくお話ししますね。それでは、今回は「現在時制」についてチェックしていきましょう。

現在時制は非常に簡単！

3つの時制のうち、まずは**現在の表し方**について見ていくことにします。

①**現在の状態を表す**：have, like, know, live, be 動詞など「**状態**」を示す動詞を用います。
- I **have** many DVDs.
 （私は多くの DVD を持っています）
- My cousin **lives** in Arizona.
 （私のいとこはアリゾナ州に住んでいます）
- My sister **is** in junior high school.
 （私の妹は中学生です）

②**現在の習慣的行為を表す**：take、arrive、make、eat、visit など「**動作**」を示す動詞を用います。

> 頻度を表す副詞（句）を伴うことが多いぞ。

- He *sometimes* **comes** to school late.
 （彼はときどき学校に遅刻します）
- I **eat** cereal *every* morning.
 （私は毎朝シリアルを食べます）
- She *often* **visits** her grandparents.
 （彼女はしばしば祖父母を訪問します）

> She は3人称単数だから動詞には s をつけるぞ。

③**一般的な事実・普遍的な真理を表す**：一般常識として知られている事実や、誰もが疑うことのない科学的な真理などは**「現在形」**で表します。

ことわざもこれに含まれるぞ。

- In Japan the rainy season usually **begins** in June.
  （日本では、梅雨は普通6月に始まります）
- Light **travels** faster than sound.
  （光は音よりも速く伝わります）
- Time and tide **wait** for no man.
  （時間と潮流は人を待たない ➡ 歳月人を待たず：ことわざ）

④**確定的な未来の予定・計画を表す**：通常、**未来時を表す副詞語句**を伴います。

- *This Saturday* **is** my wife's birthday.
  （今週の土曜日は妻の誕生日です）
- My flight **leaves** *at 11:20 A.M.*
  （私の飛行機は午前11時20分に出発します）
- The boxing match **starts** *at 7:30 tonight*.
  （そのボクシングの試合は今夜7時30分に始まります）

⑤ **時・条件を表す副詞節の中で**：when など **「時」** や if など **「条件」** を表す副詞節中では、これからのこと（未来）であっても、will ではなく、**「動詞の現在形」** を用います（詳しくは第43話を参照）。

- When my father **comes** home, I'll ask him about it.
  （父が帰ってきたら、それについて聞いてみます）
- If it **rains** tomorrow, I won't play golf.
  （もし明日雨が降れば、私はゴルフをしません）

Exercise

1 次の各文の（　）内の動詞を適当な形に変えてください。

① Pedro (watch) TV every day.
② Air (consist) of nitrogen, oxygen, carbon dioxide, and other gases.
③ He usually (go) to bed around eleven.
④ The earth (revolve) around the sun.
⑤ If Sean (call) me, please tell him that I'll be back in an hour.

解答 1　① watches（ペドロは毎日テレビを見ます）
　　② consists（空気は窒素、酸素、二酸化炭素、その他の気体から成り立っています）
　　③ goes（彼は普段11時頃に寝ます）
　　④ revolves（地球は太陽の周りを公転します）
　　　※地球は1年かけて太陽の周りを1周するわけですね。
　　⑤ calls（もしもショーンから電話があれば、私は1時間で帰ってくると伝えてください）

第9話 過去(かこ)

🔑 key
動詞の変形とedの発音を
練習しておく！

Ⓐ **How was Becky?**
（ベッキーはどうでしたか）

Ⓑ **She looked very happy.**
（彼女はとてもうれしそうな顔をしていました）

今回は**過去形**について、英会話で注意すべき点をチェックしながら、復習していきましょう。

今(現在)より前のことを言うとき、過去形を使うんだニャ？

はい。具体的には動詞を過去形にします。会話例での動詞はどれですか？

was と looked だニャ。

そうですね。とくに looked の発音はルックドではなくルックトゥなので、ちゃんと言えるようにしておきましょう。この looked は過去の状態を表す動詞です。

ところで、どうして -ed タイプと変形(へんけい)タイプがあるニャ？

言いやすいか、どうかです。たとえば went のもとの形は go です。これを goed とすると、ゴウド？、なんだか別の単語に聞こえてしまい、聞く人が勘違(かんちが)いしそうですね。そういうリスキーなものは、すべて変形タイプになっているのです。

ニャるほど。じゃあ、基本は過去形といったら -ed タイプなんだニャ。

英語の成り立ちをさかのぼると、**-ed** には **「持つ」** という語源があるそうです。過去にしたことは、すべて経験として「持って」いますよね。だから、動詞に -ed をくっつけるようになったという説が有名です。

-ed タイプは発音(はつおん)に注意！

- Chad **liked** drawing in his childhood.

    ライクトゥと発音するニャ。

    （チャドは子供の頃、絵を描くことが好きでした）**[状態(じょうたい)]**

- Brenda **waved** to us.

    ウェイブドゥと発音するニャ。

    （ブレンダは私たちに手を振りました）**[動作(どうさ)]**

Chapter 2 時制

第9話 過去

変形タイプはひたすら覚えてください！

- I **ate** too many doughnuts yesterday.
 （私は昨日ドーナツを食べ過ぎました）**[動作]**

 hear（聞く） ➡ heard（聞いた）
 come（来る） ➡ came（来た）
 buy（買う） ➡ bought（買った）
 meet（会う） ➡ met（会った）
 win（勝つ） ➡ won（買った）

過去形の基礎的な意味も教えておいてニャ！

過去形の場合は、すでに例文で見てきたように、**「過去の状態」「過去の動作」**を表したり、次の文のように過去の**「習慣的行為」**を表すこともあります。この３つを覚えておくと大丈夫ですよ。

- I *always* **went** to bed after midnight when I was in college.
 （大学時代、私はいつも夜中過ぎに寝ていました）

Exercise

1 次の各文の（　）内の動詞を適当な形に変えてください。

① Isabel (move) to this town just two weeks ago.
② My brother (cook) his own dinner last night.
③ When Meg (drop) her cup, the coffee spilled her lap.
④ Kenji (live) in Osaka for ten years, but now he lives in Tokyo.
⑤ In those days we (walk) to school.

解答　1　① moved
（イザベルはちょうど2週間前にこの町に引っ越して来ました）
② cooked
（兄は昨晩自分で夕食を作りました）
③ dropped
（メグはカップを落とした時、コーヒーが膝にこぼれました）
④ lived
（ケンジは10年間大阪に住んでいましたが、今は東京に住んでいます）
⑤ walked
（当時私たちは歩いて通学していました）

第10話 未来

🔑 意志はwill、予定はbe going toで！

Ⓐ **I'm going to** the company picnic this Saturday. How about you, Scott?
（この土曜日には会社のピクニックに行くつもりなんだけど。スコット、あなたはどうするの？）

Ⓑ Well, I **wasn't going to**, but if you go, I**'ll** go too.
（うーん、僕はそのつもりではなかったんだけど、君が行くのなら、僕も行くよ）

現在のこと、過去のこと、未来のことの中から、今回は最後の未来の表現について学んでいきましょう。

うん、学校で **will** と **be going to** は同じって習ったニャン。

「これから～のようになるだろう」のような**予測**や、「来年は～なります」のような**予定**など、つまり**単純未来**には、どちらを使ってもいいんです。でも…

でも、ニャンなの？

この2つには大きな違いがあるのです。

大きな違い…ゴクリ。

be going to は「以前から決めていたこと」、**will** は「その場で決めたこと」という点です。では、会話例を見ていきましょう。まず、I'm going to the company picnic this Saturday. How about you, Scott? とⒶの女性に誘われて、Ⓑのスコットは Well, I wasn't going to, という返答をしています。これは「自分は行くつもりではなかった」という意味ですね。

- **be going to は「以前から決めていたこと」**

でも、スコットとしては「彼女が行くのなら、自分もやっぱり行くことにしよう」とその場で心変わりし、but if you go, I will go too.（君が行くのなら、僕も行くよ）と言いました。

- **will は「その場で決めたこと」**

この会話から、will と be going to の違いがしっかりとわかりましたね？

第10話　未来

未来を表す形式！

　英語の動詞の活用形には未来形というものが存在しないため、未来のことを述べるには未来時を表すいくつかの形式があります。最もよく用いられるものが **will** と **be going to** の2つです。

①**will**：「単純未来」と「意志未来」の2つを表すことができます。

(A) 単純未来：「単純未来（無意志未来）」とは、これから起こりそうなこと **(予測・予想)** や、未来において確実にそうなること **(予定・自然の成り行き)** などを表すものです。

- I think it **will rain** this afternoon.
  （今日は午後から雨が降ると思います）**[予測・予想]**
- How long **will** the movie **last**?
  （その映画の上映時間はどのくらいですか）**[予定]**
- Teresa **will be** 21 years old next year.
  （テレサは来年21歳になります）**[自然の成り行き]**

(B) 意志未来：「意志未来」とは、その場で思いついて「では、これから [後で] 〜します」という**意志**や「すぐに〜します」という**意志**を表すものです。

- "Alan and I are going to the movies. Do you want to come with us?" "Sure. I'**ll join** you guys."
  （「アランと私は映画に行くの。一緒に行きたい？」「もちろん。僕も君たちに付き合うよ」）
- "The phone is ringing. Can someone answer it?" "I'**ll get** it."
  （「電話が鳴っているわ。誰か電話に出てくれる？」「僕が出るよ」）

② 〈be going to ＋動詞の原形〉：**will** と同じく、**be going to** も「単純未来」と「意志未来」の２つを表すことができます。

(A) **単純未来**：一般的に、予測・予想について「**will** は「**客観的推量**」（〜だろう）、一方 **be going to** は「**主観的推量**」（〜しそうだ）を意味し、同じ単純未来でもニュアンスがちがう」などと言われます。

> 実際にネイティブスピーカーに聞いてみると、ほとんどの人は「そのような違いを気にして使うことはない、むしろ同じように使っている」と答えるぞ。

> だからこそ、日本の中学校では、単純未来について、ごく単純に [will＝be going to] と教えているのでしょう。

- I think it **is going to rain** this afternoon.
  （今日は午後から雨が降ると思います）[**予測・予想**]
- How long **is** the movie **going to last**?
  （その映画の上映時間はどのくらいですか）[**予定**]
- Teresa **is going to be** 21 years old next year.
  （テレサは来年21歳になります）[**自然の成り行き**]

(B) **意志未来**：be going to を用いた意志未来は、その場で突然決めたことではなく、「**以前から決めていた予定**」を述べるのに用います。

> 「以前から決めていた予定」とは、「すでに計画済みであり、そうするつもりだ」という意味だぞ。

- I**'m going to visit** my cousin in Australia next month.
  （来月私はオーストラリアのいとこを訪問する予定です）
- I**'m going to buy** my sister a sweater for her birthday.
  （私は姉の誕生日にセーターを買うつもりです）

第10話　未来

> be going to を過去形で用いると〈was [were] going to ～〉となります。これは「～するつもり [予定] だった（が実際にはやらなかった）」という意味で使うことが多いです。

- My friend and I **were going to play** tennis this afternoon, but decided not to because it started to rain heavily.
（友達と私は今日昼からテニスをやるつもりでしたが、激しく雨が降り出したので、しないことにしました）

ここが重要！

次の2つのポイントをもう一度頭の中で整理しておきましょう。

(1) will と be going to は、「単純未来」の用法にはほとんど差はない。

(2) しかし、「意志未来」の用法には大きな違いがある。will は「その場で決めたこと」、一方 be going to は「以前から決めていたこと」を述べるのに用いる。

Exercise

1 次の英語を日本語に訳してください。

① I think it will rain this afternoon.
② "I think someone knocked on the door." "I'll go and see."
③ I'm going to attend the conference next week.
④ Leiah will be 50 years old next month.
⑤ I'm going to get a new computer next week.

解答 1 ① 今日は午後から雨が降ると思います。
② 「誰かがドアをノックしたと思うんだけど」「僕が行って見てくるよ」
③ 私はその会議に出席する予定です。
④ リアは来月50歳になります。
⑤ 来週私は新しいコンピュータを買う予定です。

第11話 完了形とは？①

key: 「完了・結果」や「経験」を表す！

Ⓐ **Have you ever been** abroad?
（外国に行ったことある？）

Ⓑ Yes, **I've been to** three countries. I **went to** South Korea about 10 years ago, Canada two years ago, and Germany last year.
（うん、3つの国に行ったことがあるよ。約10年前は韓国に、2年前はカナダに、そして去年はドイツに行ったよ）

たとえば have lost のように、動詞の前に have をつけるアレ、いまいちピンとこないニャ。

ですよね？ そこで今回は前回の過去形につづき、〈**have ＋ 過去分詞**〉の正体を明らかにしていきましょう。

専門用語でいうと、**現在完了**だぞ。

補足をありがとう。でも、言葉だけではわかりませんよね？現在を完了するって、いったいどういう意味なのか。この図を見てください。

カギを失くした　今も車に入れない

- I **lost** my car key.
  (車の鍵をなくした＝過去のある時点)

- I**'ve lost** my car key.
  (車の鍵をなくした＝今もなくて困ってる)

現在完了の I've lost my car key. の場合は、過去のある時点に「車の鍵をなくして」しまい、「今なおその影響で困っている」というニュアンスを示すことができるのです！

ってことは、過去形のほうは現在とはつながりのない、つまり**今とは切り離された過去**って感じニャ？

そのとおりです。でも、現在完了は**過去の出来事と今をつなげて、現在の状況についても伝えている**、だから**「現在完了」**と呼ばれているのです。

会話例では現在完了と過去が入り混じってるニャ。

I've lost my car key. は**「完了・結果」**を表しています。これが1つ目の使い方。そして、会話例のⒶHave you ever been abroad? とⒷI've been to three countries. はともに**「経験」**を表しています。これが2つ目…

第11話 完了形とは？①

現在完了にはもうひとつ「継続」の使い方があるぞ。

継続については次の第12話で扱いますね。とりあえず、ここまでを以下にまとめておきましょう。

【現在完了】
①**動作の完了・結果**：「すでに〜してしまっている」という意味を表します。動作・行為の完了を示すとともに、その結果として現在の状態がどうなっているかというニュアンスを含みます。

- "**Have** you **finished** your homework *yet*?"
（もう宿題を済ませましたか）

"Yes, **I've** *just* **finished** it.
（はい、ちょうどやり終えたところです）

❗ しばしば、already（すでに）、just（ちょうど）、（もう／まだ）などの語とともに用いられます。

②**経験**：「（今までに）〜したことがある」という意味を表します。現在までの経験を示します。

- "**Have** you *ever* **been** to Hakone?"
（箱根に行ったことがありますか）

"No, I've *never* **been** there."
（いいえ、そこには1度も行ったことはありません）

❗ before（以前に）、ever（[疑問文で] これまでに）、never（一度も〜ない）、often（しばしば）、once（1度）、twice（2度）、many times（何度も）などの語をともなうことが多いです。

Exercise

1 日本語の意味に合うように（　）に適当な語を入れてください。

① I've already (　　) dinner.
（私はすでに夕食を食べました）

② She's just (　　) the dishes.
（彼女はちょうど皿洗いをしたところです）

③ My daughter has (　　) Jerusalem once before.
（私の妹は前にエルサレムを1度訪れたことがあります）

④ I've (　　) this movie twice.
（この映画は2度見たことがあります）

⑤ You have (　　) a new smartphone recently, haven't you?
（あなたは最近新しいスマホを買ったんですよね）

解答　1　① eaten または had
　　　② washed
　　　③ visited
　　　④ watched または seen
　　　⑤ bought

第12話 完了形とは？②

key 「継続」を表す！

Ⓐ Mariko has been to Italy.
（マリ子はイタリアへ行ったことがあります）

Ⓑ Is that right?
（そうなんですか）

おい、どうして今回の会話例も Mariko **has been to** Italy. という**「経験」**の文になっているんだ？ しつこいぞ！

すみません。実は、その文と比較しながら、もしも Mariko **has gone to** Italy. と言えば、どういう意味になるかも説明しておきたかったのです。その場合は**「完了・結果」**を表し、「マリコはイタリアへ行ってしまいました ➡ なので今はここにいません」の意味になります。

とはいえ、実際にはアメリカ人の中にはⒶも、もう1つの文も「彼女はイタリアへ行ったことがあります」と経験の意味で使う人が結構いたりします。
さらに、この〈have been to ～〉は、よく just を付けて、**「～へ行って来たところだ」（完了・結果）**というニュアンスを出すためにも使われます。

- I've *just* **been to** the bank.
  （ちょうど銀行に行って来たところです［銀行で用事を済ませて戻ってきたところです］）

おおまかにとらえてよさそうだニャン。

おいおい、3つ目の使い方を忘れているぞ！

はい、「**継続**」の使い方ですね。今から説明しますよ。

【現在完了】
③**動作・状態の継続**：「ずっと〜している」という意味を表します。現在までの動作や状態の継続を示します。

- Professor Blocksom **has taught** at this university for nearly 30 years.
  （ブロックソム教授はこの大学で30年近く教鞭を執っています）

- Kari **has lived** in Japan since 1989.
  （キャリーは1989年から日本に住んでいます）

❗ for（〜の間）のような期間や、since（〜以来）のような動作・状態の起点を示す語をともなうことが多いです。

過去形と現在完了形の違いを確認しておきましょう。

①過去形

単なる過去の出来事について述べるだけであり、今の状況には触れていません。よって、現在とのつながりはない、あるいは不明です。

②現在完了形

過去とつながりのある現在の状態を表すものです。つまり、過去の出来事が現在の状況にどのような影響を与えているのかについても示しているのです。

過去形が「過去のある時点」という**「点」のイメージ**であるのに対して、**現在完了形**は「過去のある時点から今まで時がつながっている」という**「線」のイメージ**と考えるとよいでしょう。

①完了・結果

- She **has cleaned** her room.
  （彼女は自分の部屋を掃除しました）
  ➡彼女は自分の部屋を掃除したので、今その部屋はきれいになっています。

②経験

- I **have read** this book before.
  （私はこの本を以前読んだことがあります）
  ➡私はこの本を以前読んで、その記憶は今なお残っています。

③継続

- He **has been** busy since last month.
  （彼は先月からずっと忙しくしています）
  ➡彼は先月忙しくなり、その時から現在までずっと忙しくしています。

Exercise

1 次の英語を日本語に訳してください。

① They have been married for seven years.
② We have known each other for a long time.
③ My grandmother has been dead for six years.
④ How long have you stayed in France?
⑤ Sandra has practiced volleyball since last spring.

解答 １ ① 彼らは結婚して７年になります。
② 私たちは長年の知り合いです。
③ 祖母が亡くなってから６年になります。
④ あなたはどのくらいフランスに滞在していますか。
⑤ サンドラは去年の春からバレーボールの練習を続けています。

第13話 完了形とは？③

> 🔑 **key** 過去のある時点までにすでに完了した「過去完了」！

Ⓐ **Al said he had been in his room all along.**
（アルはずっと自分の部屋にいたと言ってたわ）

Ⓑ **That's impossible. I saw him in the library an hour ago.**
（それはあり得ないよ。僕は1時間前に図書館で彼を見たんだから）

これまでの2回の学びで、現在完了についてはしっかりと理解できたと思います。今回は完了形に関する最後のお話です。

現在完了と過去の違いについては、よく理解できたニャ。なのに、今回も完了形をやるのかニャ？

完了形にも、過去や未来の時制があるんだぞ！

ふ〜ん。
知らなかったニャ。

その程度の驚きか？

完了形には、現在完了のほかに、**「過去完了」「未来完了」**もあります。英語の時制はいつもこの3つ。現在・過去・未来。考え方はシンプルです。会話例のⒶの had been の部分が過去完了です。現在完了は〈have + 過去分詞〉でしたが、過去完了は〈had + 過去分詞〉となります。それでは、さっそく「過去完了」からチェックしていきましょうか。

過去完了と未来完了をマスター！

(1) 過去完了形：〈had + 過去分詞〉の形式です。
主に次のような意味を表します。

①動作の完了・結果：「すでに〜していた」という意味を表します。

「過去のある時点」を基準にして、その時までに完了した動作や行為を伝えるぞ。

- The lecture **had** already **started** when I got to the hall.
  （私がホールに着いたとき、講演会はもう始まっていました）
- Our flight **had** already **taken** off before we got to the boarding gate.
  （私たちが搭乗口に着く前に、私たちの飛行機はすでに離陸していました）

②**経験**：「(それまでに)〜したことがあった」という意味を表します。

> 過去のある時点から振り返って、その時までの経験について述べるぞ。

- I recognized the lady immediately because I **had seen** her many times before.
 (以前何度も会ったことがあるので、私はすぐにその女性が誰かわかりました)
- Rick **had** never **drunk** beer before he entered college.
 (大学に入るまで、リックは一度もビールを飲んだことがありませんでした)

③**動作・状態の継続**：「それ以前からずっと〜だった」という意味を表します。

> 過去のある時点までの動作や状態の継続を示すぞ。

- Jack and Jill **had known** each other for eight years when they got married.
 (ジャックとジルは知り合って8年経ってから結婚しました)
- Mr. King **had lived** in Turkey for three years before he came to Japan.
 (キング氏は日本に来る前、3年間トルコに住んでいました)

④ **2つの出来事の時間的順序を表す**：過去に起こった2つの出来事について、実際に起こった順序とは逆の順序で述べる場合は、**先に起こった出来事を過去完了形**にします。

> この過去完了形の用法を「**大過去**」と呼ぶぞ。

- When Emily was going out the ticket wicket, she realized that she **had left** her purse on the train.
（エミリーは改札口を出ていた時に、電車の中に自分のハンドバッグを置き忘れたことに気づきました）

> たとえば、この上の文では、エミリーが「電車にハンドバッグを置き忘れた」のは、彼女が「気づいた」ときよりも、時間的に前に起こったことなので、she had left her purse と過去完了形にして、時間関係を明確にしているわけです。

さらに、次の2つの文を比較してみましょう。
(A) She wrote a letter and mailed it.
　　（彼女は手紙を書いて、それを投函しました）
(B) She mailed a letter that she **had written**.
　　（彼女は書いた手紙を投函しました）

　(A)のように出来事・事柄が起こった順に述べるときは、どちらも過去時制になりますが、(B)のように先に起こった出来事をあとに回す場合には、過去完了形を用いるのです。

第13話 完了形とは？③

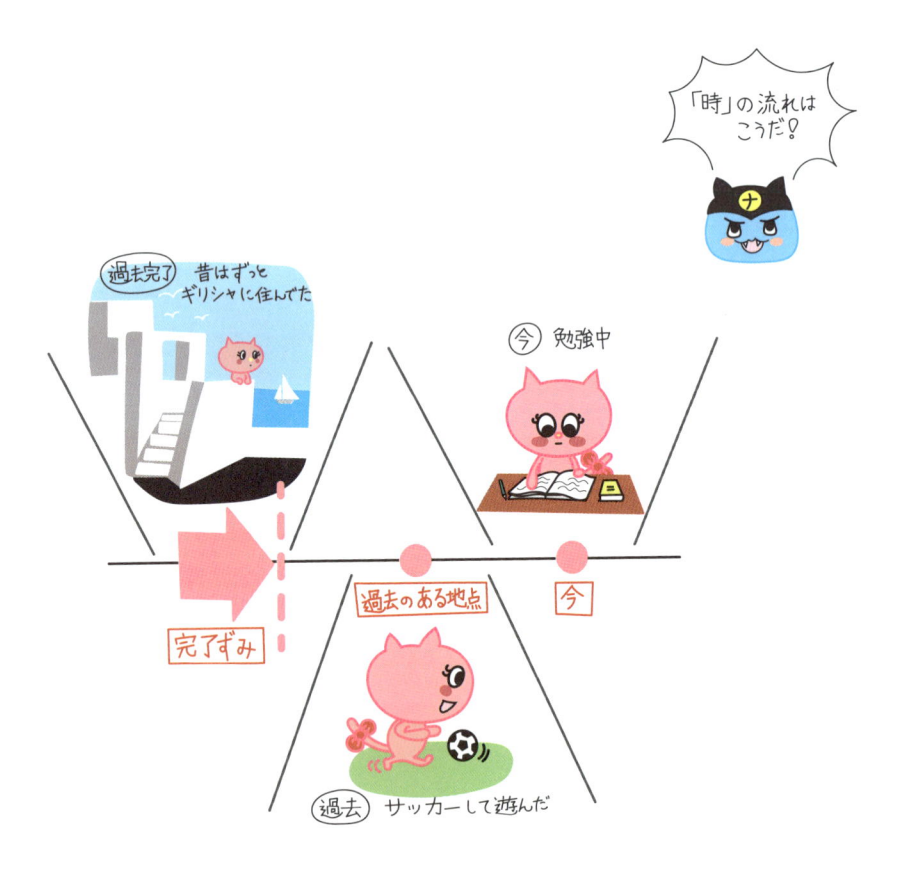

(2) 未来完了形：〈will/shall ＋ have ＋ 過去分詞〉の形式です。未来完了形を使った文には、未来の基準時を示す語句（例：by 〜 ［〜までに］, by the time 〜 ［〜するまでに］）が含まれていることが多いです。

> ただし、実際には shall を使うことはほとんどありません。

未来完了形は、主に次のような意味を表します。

① **動作の完了・結果**：「（〜までには）〜しているだろう」という意味を表します。

> 「未来のある時点」を基準にして、その時までに予想される動作や行為の完了を伝えるぞ。

- Our luncheon meeting **will have finished** by 1:30 P.M.
 （私たちの昼食会議は午後1時30分までには終わっているでしょう）
- The seminar **will have started** by the time we get there.
 （そのセミナーは私たちがそこに着くまでに始まっているでしょう）

② **経験**：「〜したことになるだろう」という意味を表します。

> 未来のある時点までに経験しているであろうことを述べるぞ。

- I **will have read** this book three times if I read it again.
 （もう一度読めば、私はこの本を3回読んだことになります）
- Ian **will have climbed** Mr. Fuji five times if he climbs it next month.
 （イアンは来月富士山に登れば、5回登ったことになります）

③**動作・状態の継続**：「それ以前からずっと〜していることになるだろう」という意味を表します。

> 未来のある時点までの動作や状態の継続を示すぞ。

- Next month we **will have lived** here for 15 years.
  （来月で私たちはここに15年住んでいることになります）
- Professor Ruelius **will have taught** English at this college for 27 years by the time he retires next year.
  （ルリアス教授は来年退職するまでに、この大学で27年間英語を教えたことになります）

Exercise

1
日本語の意味に合うように（　）に適当な語を入れてください。

① Elsa lost the date book she (　) just bought the day before.
（エルサは前の日に買ったばかりのスケジュール帳をなくしてしまいました）

② The robber (　) already left when the police officers arrived.
（警察官が駆けつけた時には、すでに強盗犯は去ってしまっていました）

③ If I go to Seoul next week, I (　) have been there three times.
（来週ソウルに行けば、私はそこへ３度行ったことになります）

④ She showed me all the pictures that she (　) taken in France during her trip.
（彼女は旅行中にフランスで撮った写真をすべて私に見せてくれました）

⑤ By this time tomorrow he (　) have completed his work.
（明日の今頃までには、彼は仕事を終えてしまっているでしょう）

解答 | 1　① had
　　　② had
　　　③ will
　　　④ had
　　　⑤ will

77

第14話 進行形

> **key** 〜ing は、今行なっている & やろうとしている！

Ⓐ **What are you doing, Mike?**
（マイク、何をしているの？）

Ⓑ **I'm getting ready.**
I'm leaving in a few minutes.
（準備をしているんだよ。あと数分で出発するから）

「今…をやってるところだ」と伝えたいときは、**動詞**に**〜 ing** をつけて**進行形**にします。

でも、会話例の文を見ると、他にも意味がありそうだニャ。

よくわかりましたね。I'm getting ready.（今準備をしているところです）は**今進行中の動作**を表していますが、I'm leaving in a few minutes.（あと数分で出発します）のほうは、これからのこと、つまり**近い未来の予定**を表しています。さらに、These days he is drinking coffee besides tea. と言えば、「最近彼は紅茶に加えて、コーヒーも飲んでいます」のように今の前後の**一定期間にわたって続けられている動作**をも表すことができるのです。

今のことだけではなく、最近の繰り返し行っている動作についても、この「現在進行形」を使うことができるってことだ！

もっと補足すると、この現在進行形は、**always（いつも）**や **constantly（絶えず）** などの副詞と一緒に使って非難のニュアンスを込めて **「(習慣的に)〜ばかりしている」** という意味を表すこともあります。

- When you take off your socks, you always leave them on the floor. So, Mom is **always picking up** your dirty socks.

  (お前は靴下を脱ぐとき、いつも床に置きっぱなしにしてるね。だからママはいつもお前のきたない靴下を拾い上げてるんだ)

第14話 進行形

6つの進行形！

時制が変わっても使えます。全部で**6種類の進行形**が考えられます。

①**現在進行形**：〈is/am/are + 現在分詞〉

- She **is playing** tennis now.
  （彼女は今テニスをしています）

❗ now をつけると「ちょうど今」「まさに今」ということを強調できます。
now 以外にも、right now や at the moment などがよく使われます。

②**過去進行形**：〈was/were + 現在分詞〉

- It **was raining** all day yesterday.
  （昨日は一日中雨が降っていました）

③**未来進行形**：〈will/shall + be + 現在分詞〉

- **Will** you **be coming** to the cocktail party tonight?
  （今晩カクテルパーティーにおいでになりますか）

❗ これを Will you come to the cocktail party tonight? とすると、〈Will you ～?〉には「～するつもりですか」という未来の意志だけでなく、「～してくれますか」という依頼の意味にもなりますので、まぎらわしい。

④ **現在完了進行形**：〈has/have + been + 現在分詞〉

- Andrew **has been working** here since 2010.
  （アンドルーは2010年以来ずっとここで働いています）

⑤ **過去完了進行形**：〈had + been + 現在分詞〉

- My father **had been painting** the house when I arrived home.
  （私が帰宅したとき、父はずっと家を塗装していました）

⑥ **未来完了進行形**：〈will/shall + have + been + 現在分詞〉

- She **will have been practicing** the flute for ten years by the end of this year.
  （今年の年末で、彼女はフルートの練習を10年間続けていることになります）

第14話 進行形

Exercise

1 次の各文の（　）に適当な語を入れてください。

① What (　) you doing then?
② Lana (　) been playing the violin since she was three years of age.
③ My sister (　) taking a bath now.
④ Next Christmas we (　) have been living here for 15 years.
⑤ I (　) been watching a movie for almost two hours when my friend stopped by.

解答　1　① were
　　　　　（その時あなたは何をしていたのですか）
　　　② has
　　　　　（ラナはヴァイオリンを3歳の頃から弾いています）
　　　③ is
　　　　　（姉は今入浴中です）
　　　④ will または shall
　　　　　（次のクリスマスで私たちはここに15年住んでいることになります）
　　　⑤ had
　　　　　（友達が立ち寄った時、私は約2時間映画を見ていたところでした）

Chapter 3

名詞・代名詞・冠詞

くつは2足でワンセット、
だからshoes。
英語の数の感覚はたのしいですね。

第15話 名詞さん、あなたの正体は？

名詞には2種類ある！

覚えておきたいU名詞

- **furniture**（家具） 
- **baggage**（手荷物） 
- **equipment**（装置） 
- **laundry**（洗たくもの） 
- **information**（情報） 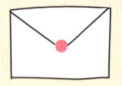
- **mail**（手紙）

ネコ姫さん、辞書で furniture を引いてみてください。

はい。ぺらぺら。

furniture　名 U 家具、となっているでしょう？

🐷 名は名詞さんのことですよね。
ニャンだ、この U ってのは？

Uncountable（数えられない）の記号です。

名詞には別名があるんだぞ。数えられるときは「可算名詞」、数えられないときは「不可算名詞」だ。

数えられる場合は Countable の C が辞書に書いてあるはずです。

数えられない名詞はこれだ！

どのような名詞が**数えられない名詞〈不可算名詞〉**なのでしょうか。

まずは①**総称**。たとえば **furniture**（家具）のように、イスやソファなど家で使う道具が集まった総称です。
　baggage/luggage（手荷物）、**equipment**（備品、用具類）、**laundry**（洗濯物）、**merchandise**（商品類）、**stationery**（文房具）も同じです。
　これらは数えられる名詞ではないため、複数を示す s もつきません。もしも数える場合は **a piece of** baggage、**two pieces of** baggage のようにします。

　次は②**物質**です。
　bread（パン）、**cheese**（チーズ）、**meat**（肉）、**money**（お金）、**rain**（雨）、**smoke**（煙）、**water**（水）、**wine**（ワイン）、**wood**（木材）などが

ありますね。

　こちらも a wine や two meats のように数えることはできません。もしも数える場合は、**a slice of** bread（一切れのパン）、**two glasses of** wine（2杯のワイン）というように、一部分や容器のほうを複数にします。

　さらに③**抽象**。目に見える物体ではないものですね。これらは常に単数で使います。

advice（助言）、**beauty**（美）、**education**（教育）、**fun**（楽しみ、面白さ）、**happiness**（幸福）、**homework**（宿題）、**luck**（運）、**music**（音楽）、**information**（情報）、**news**（知らせ） など

- **Education is** very important for us.
   （教育は私たちにとってとても大切です）
- He gave me **a lot of information** about it.
   （彼はそれについて多くの情報をくれました）

最後に④**固有名詞**です。人名や地名、月名などのように、本来「1つしかないもの」を表す名詞です。これらは常に大文字で始まります。

- **Mr. Sakda** is from **Thailand**.
   （サクダ氏はタイ出身です）
- My birthday is **April** 14.
   （私の誕生日は4月14日です）

Exercise

1 次の各文に誤りがあれば、訂正してください。

① I received some mail today.
② It's a fun to talk with them.
③ My parents always give me good advices.
④ I have a lot of homeworks to do today.
⑤ How many pieces of baggage do you have?

解答 1 ① 誤りなし（今日私は郵便物をいくつか受け取りました）
　　※「Eメールをいくつか受け取った」場合は、received some e-mails となります。
② a fun を fun にする
　（彼らと話すのは楽しいです）
　※「とても楽しいです」なら、It's a lot of fun ～ となります。
③ advices を advice にする
　（両親はいつも私に良い助言をしてくれます）
④ homeworks を homework にする
　（今日私にはしなければならない宿題がたくさんあります）
　※ assignments の場合は、a lot of assignments と言えます。
　　さらに、a lot of homework assignments と言うこともできます。
⑤ 誤りなし（手荷物はいくつございますか）
　※ baggage (米) = luggage (英) です。

87

第16話 意味が変わる名詞さん

意味が変わる名詞！

英語は数を意識する言葉なんです。

どゆこと？

日本語だと、単に「コーヒーください」ですみますが、英語では **A** cup of coffee, please. や I'll have **a** coffee, please. などのように数を意識しなくてはなりません。

そう、それが原因で、パッと英語が口から出てこないことがあるニャ。

日本語が特別なんです。世界のほとんどの言葉は英語と同様、数を意識します。でも、これも慣れです。名詞を扱（あつか）うときは、数を意識してみてください。

注意すべき複数形の名詞とは！

学問名：常に単数扱いをします。
　economics（経済学）、mathematics（数学）、physics（物理学）、politics（政治学）、linguistics（言語学）、statistics（統計学）など

- **Physics doesn't** interest me.
（私は物理学には興味はありません）

対になっている物：常に複数形で用います。
　compasses（コンパス）、glasses（眼鏡）、gloves（手袋）、jeans（ジーンズ）、pants（ズボン）、scissors（はさみ）、shoes（シューズ）、shorts（ショーツ）、tights（タイツ）、trousers（ズボン）、tweezers（ピンセット）など

- Those **jeans look** nice on you.
（そのジーンズはあなたによく似合っていますよ）
- My **scissors are** broken.
（私のはさみは壊れています）

❗ 数えるときは、a pair of glasses（眼鏡1つ）や two pairs of tights（タイツ2着）のように pair を使います。
❗ gloves と shoes だけは、a glove や a shoe のように言うことができ、その場合は「片方の手袋」「片方の靴」の意味を表します。

Chapter 3 名詞・代名詞・冠詞

第16話 意味が変わる名詞さん

意味が変わるもの：複数形にすると意味が変わるので、要注意です。

単　数		複　数	
air	空気	airs	気取り；高慢
arm	腕	arms	武器
cloth	布	clothes	着物
custom	慣習	customs	関税；税関
good	善；利益	goods	品物
manner	方法	manners	行儀作法
pain	苦痛	pains	骨折り

Exercise

1 次の各文に誤りがあれば、訂正してください。

① Jeremy doesn't have good table manner.
② Do you know where my glasses is?
③ Do you like this pair of sock?
④ This is my first time to go through customs at the airport.
⑤ Mathematics is my favorite subject.

解答 1 ① manner を manners にする
(ジェレミーは食卓でのマナーがよくありません)
② is を are にする
(私の眼鏡がどこにあるか知っていますか)
③ sock を socks にする
(このソックスはお好きですか)
④ 誤りなし
(空港で税関を通るのは、私にとってこれが初めてです)
⑤ 誤りなし
(数学は私の大好きな科目です)

第17話 名詞をくり返さない人称代名詞

key 人称、性、数、そして格によって形が変わる！

Ⓐ **Will you help me with my homework?**
（宿題を手伝ってもらえる？）

Ⓑ **No way! You should do it yourself.**
（いやよ！ 自分でやるべきよ）

名詞と**代名詞**はどうちがうニャ？

代名詞は名詞の分身みたいなものです。
「ネコ姫がネコ姫のお皿でネコ姫のご飯を食べた」と何度もネコ姫をくり返されると非常に聞きにくいですよね？

あたしは別にいいけど･･･。

人称	数	主格 〜は(が)	所有格 〜の	目的格 〜を(に)	所有代名詞 〜のもの	再帰代名詞 〜自身
1人称	単数	I	my	me	mine	myself
	複数	we	our	us	ours	ourselves
2人称	単数	you	your	you	yours	yourself
	複数	you	your	you	yours	yourselves
3人称	単数	he	his	him	his	himself
	単数	she	her	her	hers	herself
	単数	it	its	it	its	itself
	複数	they	their	them	theirs	themselves

それを避けるため、**名詞**の**代**わりとして使われるから**代名詞**なんです。

代名詞には5種類があるぞ！
〈1〉**人称代名詞**：I, we, you, he, she, it, they など
〈2〉**指示代名詞**：this, these, that, those など
〈3〉**不定代名詞**：all, one, each, some, any など
〈4〉**疑問代名詞**：what, who, which など
〈5〉**関係代名詞**：who, which, what, that など

人称代名詞をマスター！

「**人称代名詞**」とは、人称・性・数による区別を持っている代名詞で、I, we, you, he, she, it, they などがあります。

まずは、前ページの表を見て、会話例の中でどのように使われているのかをしっかりと確認してください。**1人称**は話し手、**2人称**は聞き手、**3人称**はそれ以外の人やものを指します。

①**主格**：文中で**主語**として用いられます。
- **You and I** need to talk about the matter.
  （あなたと私はその件について話し合う必要があります）
  ❗ 人称代名詞の並びは〈2人称—3人称—1人称〉の順です。話し相手に敬意を表し、2人称が最初に来ます。その次に第三者です。自分はへりくだって最後に来ます。

②**所有格**：**名詞の直前**に置かれ、「**〜の**」という意味を表します。
- It is **my** car.
  （それは私の自動車です）

③**目的格**：**動詞や前置詞**の**目的語**になります。
- I like **him**.
  （私は彼が好きです）

④**所有代名詞**：「〜のもの」という意味で、〈所有格＋名詞〉の代わりに用いられます。
- This purse is **hers**.
（このハンドバッグは彼女のです）　※ hers ＝ her purse

⑤**再帰代名詞**：人称代名詞の所有格あるいは目的格に、**-self** または **-selves** のついた形で、「〜自身」という意味になります。
- Let me introduce **myself**.
（私に自己紹介をさせてください）

⑥ **it の用法**：it にはいろいろな用法があります。
- Where is my house key? — **It**'s on the table.
（私の家の鍵はどこ？ー テーブルの上にあるよ）
- **It**'s Wednesday today.
（今日は水曜日です）
- **It**'s two o'clock.
（今は2時です）
- **It**'s my turn.
（今度は私の番です）

第17話 名詞をくり返さない人称代名詞

Exercise

1 次の各文の（　）内の語のうち、正しい方を選んでください。

① I really felt sorry for (they, them).
② These books are all (my, mine).
③ Can I use this dictionary of (your, yours)?
④ Ryan and (I, me) are going fishing tomorrow.
⑤ Professor Gless could give some advice to you and (I, me).

解答　1　① them
　　　　　（私は彼らのことを本当にかわいそうに思いました）
　　　　② mine
　　　　　（それらの本はすべて私のです）
　　　　③ yours
　　　　　（あなたのこの辞書を使ってもいい？）
　　　　④ I
　　　　　（ライアンと私は明日魚釣りに行きます）
　　　　⑤ me
　　　　　（グレス教授はあなたと私に何らかのアドバイスをくださるかもしれません）

96

☕ Coffee Break

英文法は英語の「骨格」だ！

🧑 英文法がなぜ重要なのかわかりますか？

🐷 テストに文法問題がよく出るからだニャ。

🧑 それも一理(いちり)ありますが、もっと重要なことは、文法の知識をしっかりと身につけておかなければ、英語の4技能、つまり聞く、話す、読む、書くの4つの力がバランスよく伸びないということです。

😾 ブロークン英語ばかりしゃべっていてもダメだってことだぞ！

🧑 そのとおりです。英文法をきっちりやっておかないと、いつまで経っても、正確に聞く、話す、読む、書くことができませんからね。

🐷 じゃあ、英文法だけやっていれば、英語はうまくなるのかニャ？

🧑 英文法は英語を学ぶ上で一番重要なもので、土台と言ってもよいでしょう。体で言うなら、「骨」つまり「骨格」のようなものです。その周りに、「肉」つまり「筋肉」をつけてあげると、立派な本物の英語になっていきます。「筋肉」は、英単語や英熟語、つまり語彙(ごい)です。

Chapter 3 名詞・代名詞・冠詞

97

第18話 こなれた英語を話すための代名詞 that

key 代名詞 that には「あれ、それ」以外にも意味がある！

Ⓐ **The population of the U.S. is about twice as large as that of Japan, right?**
（アメリカ合衆国の人口は日本の約２倍ですよね？）

Ⓑ **That's right. And the U.S. is about twenty-five times as large as Japan.**
（そのとおりです。そして、アメリカ合衆国は日本の約25倍の大きさです）

人称代名詞を使うだけでも、名詞を繰り返し言う必要がずいぶんなくなりますが…

次は**指示代名詞**だぞ。これも覚えろよな。

JAPAN　　　USA

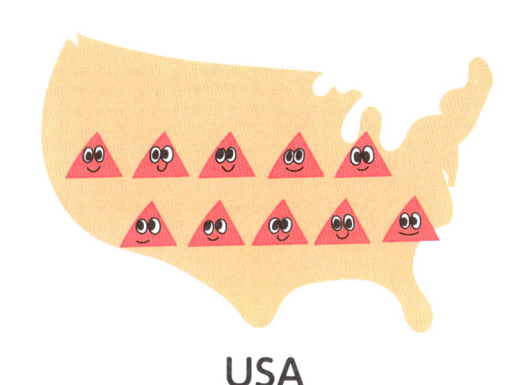

🐱 指示、というくらいだから、指図すること？

👦 指示代名詞で出てくるのは **this**, **these**, **that**, **those** の4つだけです。

🐱 ニャ〜んだ。4つだけ？　簡単ニャ。

👦 たとえば、会話例の Ⓐ の The population of the U.S. is about twice as large as that of Japan, right? という文を考えてみましょう。
ネコ姫にはこの文の意味がわかるかな？

🐱 えっ〜と、「アメリカの人口は日本のあれと約2倍くらいの大きさでしょ？」って感じかな？
文の最後の that of Japan の部分がよくわからニャい。

この文では「アメリカの人口」と「日本の人口」を比べており、the population（人口）という**名詞の繰り返しを避ける**ために、**that** が使われているのです。

that of Japan = **the population** of Japan

もう一度、the population と言うのはめんどうってことだニャ。

そうなんです。
さて、指示代名詞の this, these, that, those には、**This** is my bike, and **that** is Paul's.（**これ**は私の自転車で、**あれ**がポールのです）や **These** are my CDs, and **those** are my brother's.（**これら**は私の CD で、**それら**は兄のです）のような**代名詞**としての使い方もあるわけですが、これらには**形容詞**、さらには**副詞**としての使い方もあるんですよ。
今回は、指示代名詞のいろいろな使い方について学んでいくことにしましょう。

指示代名詞は英会話を楽にしてくれる！

① this/these と that/those の形容詞用法

- It's a bit cold **this** morning.
  （今朝は少し寒いです）
- It was hailing **that** morning.
  （その朝はひょうが降っていました）
- I'm very busy **these** days.
  （私は最近とても忙しいです）
- I was very poor in **those** days.
  （当時［その頃］私はとても貧乏でした）

② 先行する内容を指す that

- Dave said he was sick, but **that** was a lie.
  　　　　　　　　　　　[**that** = he was sick]
  （デイヴは病気だと言いましたが、それは嘘でした）

③ 名詞の繰り返しを避ける that（単数）と those（複数）

- The climate of Japan is milder than **that** of England.
  　　　　　　　　　　　[**that** = the climate]
  （日本の気候はイギリスの気候よりも温暖です）
- The vegetables here are fresher than **those** in the supermarkets.
  　　　　　　　　　　　[**those** = the vegetables]
  （こちらの野菜はスーパーの野菜よりも新鮮です）

④ 〈those ＋ 限定語句〉：「〜な人々」の意味を表します。

- Be more thankful to **those** around you.
  （周りの人にもっと感謝しなさい）
- Can **those** who speak English get higher-paying jobs?
  （英語を話せる人は、より給料の高い仕事に就けますか）

⑤ **副詞としての this/that**：「こんなに」「そんなに」の意味を表します。

修飾
- The fish I caught yesterday was **this** big.
  （昨日私が捕まえた魚はこれくらいの大きさでした）

修飾
- You don't need to get up **that** early tomorrow.
  （明日はそんなに早く起きる必要はありませんよ）

such, so, sameも代名詞みたいに使える！

such：「そのようなこと・人・もの」の意味を表します。
- He is still a college student, and should be treated as **such**.
  （彼はまだ大学生ですから、大学生として扱うべきです）
  [such = a college student]

so：「そう」という意味を表します。
- Will it be fine tomorrow? — I hope **so**.
  （明日は晴れるでしょうか―そうだといいのですが）
  [so = that it will be fine tomorrow]
- ❗I think so. も同じ用例です。

same：通常 the を付けて、**the same** の形で用います。「同じこと・もの」「同じようなこと・もの」の意味を表します。
- **The same** goes for my family.
  （同じことが私の家族にも当てはまります）
- I'll have grilled salmon. — **Same** for me.
  （私はサーモンのグリルにします―私も同じにします）
- ❗会話では The same for me. の The は省略できます。

第18話 こなれた英語を話すための代名詞 that

Exercise

1 日本語の意味に合うように（　）に適当な代名詞を入れてください。

① (　) is Mr. Oliver, our PE teacher.
（こちらは私たちの体育の先生のオリバー先生です）

② I tried to keep a diary every day, but (　) was not easy.
（私は毎日日記をつけようとしましたが、容易ではありませんでした）

③ The area of Canada is larger than (　) of the U.S.
（カナダの面積はアメリカ合衆国のそれよりも大きいです）

④ He is an intern and I treat him as (　).
（彼は実習生ですから、私は彼をそのような者として扱っています）

⑤ All (　) present were deeply impressed by her speech.
（出席者全員が彼女のスピーチに深い感銘を受けました）

解答 １　① This
　　　② that
　　　③ that
　　　④ such
　　　⑤ those

第19話 不特定の人や物の代名詞

another と other の違いとは？

すでに人称代名詞、そして指示代名詞について学習しましたが…

次は**不定代名詞**だぞ！ これも覚えろよな。

まだあるニャ？ むずかしそうだから嫌だニャ。

英会話で出てくる語には Lisa とか her とか対象が明らかなものだけではなく、someone (誰か) とか another (その他) など、**不特定の人や物を対象にする**語もあります。不定代名詞の「不定」という用語はそこから来ています。

one とか it とか？

ちがう！ one は不定代名詞だが、it は第17話でやった人称代名詞だぞ。

one と it の違いを次のイラストで理解しよう！

Ⓐ 鉛筆かして〜

Ⓑ （その）鉛筆をなくした！

Ⓐ　I don't have a pencil. Could you lend me **one**?

※ **one** = a pencil

（私は鉛筆を持っていません。**どんな鉛筆でもいいから1つ**貸していただけますか）

Ⓑ　I lost my pencil. I have to find **it**.

※ **it** = my pencil

（私は鉛筆をなくしました。**なくしたその鉛筆**を見つけなければ）

another と other の違いはコレだ！

another と **other** も不定代名詞です。まず、another は不特定の物に付く冠詞の an（1つの）と other（他の）が一緒になった語と考えるとわかりやすいでしょう。

another は「もう1つの人・もの」という意味です。たとえばネクタイを買いに行って、店員さんに「これはどうでしょうか」と1つのネクタイを見せられる。でも、それが気に入らなかったら、「もう1つ別のを見

第19話　不特定の人や物の代名詞

せてもらえますか」と言うことありますよね？　そんな場合は、次のように言います。

- Could you show me **another**, please?
   （もう１つ別のを見せてもらえますか）

さらに、others, the other, the othersの３通りの表現！

たとえば、もしも他のネクタイをいくつか（複数）見せてもらいたい場合は、次のように言います。

- Could you show me **others**, please?
   （いくつか別のものを見せてもらえますか）

さらに、目の前に２つのネクタイが用意されていて、最初のネクタイが気に入らなくて、もう一方のネクタイを見せて欲しいという場合には、次のように言います。

- Could you show me **the other**, please?
   （もう一つのほうを見せてもらえますか）

最後に、もしも目の前に３つ以上のネクタイが用意されていて、最初のネクタイが気に入らなくて、残りのネクタイを全部見せて欲しい場合には、次のように言います。

- Could you show me **the others**, please?
   （その他残りのものを見せてもらえますか）

さらに別の例を見て、しっかりと違いを確認しておきましょう。たとえば、自分には２人の息子がいるとします。１人は医師、そしてもう１人は

弁護士だとすれば、
- I have two sons. **One** is a medical doctor and **the other** is a lawyer.

となります。「2人のうちの残りの1人」ということで特定されてしまうので、**the** が付きます。

また、自分には3人の息子がいて、1人は医師、もう1人は弁護士、そして最後の1人は歯科医だとすれば、
- I have three sons. **One** is a medical doctor, **another** is a lawyer and **the other** is a dentist.
（私には3人の息子がいます。1人は医師で、また1人は弁護士で、もう1人は歯科医です）

最後に、もしも自分に3人の娘がいて、1人は図書館員、もう2人は看護師だとすれば、
- I have three daughters. **One** is a librarian and **the others** are nurses.
（私には3人の娘がいます。1人は図書館員であとの2人は看護師です）

それでは、ここでもう一度詳しく other, another についてまとめておきます。**another** は〈an + other〉から成り立っている代名詞と覚えておくと、イメージしやすいですよ。

第19話 不特定の人や物の代名詞

① **other**：**代名詞**として、主に次の４つの用法を覚えておきましょう。複数形は **others** です。

(A) **others**：「他のもの」

- I don't like this one. Could you show me some **others**?
  （これは気に入りません。他のをいくつか見せてもらえますか）

  > いくつかのものがあり、１つが気に入らないので、その他のものをいくつか（不特定）見せてほしい場合です。

- Some people said yes and **others** said no.
  （賛成した人もいれば、反対した人もいました）

  > Some people は people を省略して、Some と言うこともできます。この文では文脈上、people がなくても意味がわかるからです。

(B) **others**：「他人」（＝ other people）

- Do to **others** as you would have them do to you.
  （人々にしてほしいとあなたがたの望むことを、人々にもそのとおりにせよ：聖書〈ルカによる福音書第１章37節〉）

  > as は「～するように、～するのと同じように」の意味の接続詞、have は「～してもらう」の意味の使役動詞、them ＝ others のことです。

(C) **the other**：「（２人・２つの中で）もう一方」

- I don't like this one. Could you show me **the other**?
  （これは気に入りません。もう１つの方を見せてもらえますか）

  > ２つのものがあり、１つが気に入らないので、もう一方を見せてほしい場合です。

(D) **the others**：「（３人・３つ以上の中で）残り全部」

- I don't like this one. Could you show me **the others**?
  （これは気に入りません。他のを全部見せてもらえますか）

  > ３つ以上のものがあり、そのうちの１つ以外の残り全部を見せてほしい場合です。

② **another**：「別の人・もの、他の不特定の１つ」
- I don't like this one. Could you show **another**?
（これは気に入りません。別のを見せてもらえますか）

> ３つ以上のものがあり、そのうち任意のものを１つ見せてほしい場合です。

そのほか重要な不定代名詞はこれだ！

① **all（すべて）** ※人＝複数扱い、モノ＝単数扱い
- **All** *of* them **were** present at the meeting.
（彼らの全員が会議に出席していました）
- **All is** over.
（すべてが終わりました）

② **both（両方とも）** ※複数扱い
- **Both are** absent today.
（２人とも今日は欠席しています）

③ **each（それぞれ）** ※単数扱い
- **Each** *of* the boys **has** a dog.
（少年たちはそれぞれ犬を飼っています）

④ **some（いくらか・いくつか）** ※肯定文で用いる
- We're fresh out of eggs. We need to get **some**.
（卵を切らしてしまったところです。いくつか買う必要があります）

⑤ **any（いくらか（でも））** ※否定文、疑問文、条件文のすべてで用いる
- I need some butter. Do you have **any**?
  （少しバターが必要です。少しありますか）

⑥ **none（誰も・何も〜ない）**：none は no と one が組み合わさった語です。
- **None of** the students could answer the question.
  （その質問に答えることのできる生徒は1人もいませんでした）

⑦ **either（どちらか一方）** ※単数扱い
- **Either** will do.
  （どちらでも結構です）

⑧ **neither（どちらも〜ない）**
- I want **neither of** these dresses.
  （私はこれらのドレスのどちらも欲しくありません）
  [= I do**n't** want **either** of these dresses.]

Exercise

1 次の各文の（　）内の語のうち、正しい方を選んでください。

① My brother has a lot of maney, but I don't have (some, any).
② This T-shirt is too tight for me. Would you show me (other, another), please?
③ You say you like both of them, but I don't like (either, neither) of them.
④ I have read (no, none) of his novels yet.
⑤ All (was, were) confirmed dead.

解答　1　① any（私の兄はたくさんお金を持っていますが、私は全く持っていません）
　　　　② another（このTシャツは私にはきつ過ぎます。別のを見せてもらえますか）
　　　　③ either（あなたはどちらも好きだとおっしゃっていますが、私はどちらも好きではありません）
　　　　④ none（私は彼の小説をまだ1冊も読んでいません）
　　　　⑤ were（全員の死亡が確認されました）

第20話 冠詞ちゃん登場

> **key** a は子音の前に、an は母音の前に使われる！

Ⓐ **Is Steve a European?**
（スティーヴはヨーロッパ人ですか）

Ⓑ **No, he is an American.**
（いいえ、彼はアメリカ人です）

今回は名詞の前につく a、an について、ちょっとくわしく学んでいきましょう。

それ、気になってたニャ。

たとえば、apple の場合だと an apple になります。これは名詞 apple の最初の a が母音だから、**an** になるわけです。母音とは日本語のアイウエオに近い音のことですね。それ以外なら、つまり子音なら、**a** をつけます。では、university の場合はどうでしょう？

---

an university だニャ。

ノー、ノー、ノー！

たしかにスペルを見ると、u だから、母音だと思ってしまうのは当然です。でも、**冠詞**は「発音」によって判断しなければならないのです。スペルではなく。

umbrella [ʌmbrélə] は [ʌ] という母音で始まっているから、**an** umbrella だけど、university [jùːnəvə́ːrsəṭi] は [j] という子音で始まっているから、**a** university になるぞ。

発音で決まるわけかぁ。
知っていれば、簡単だニャ。

それではもう一つ問題を出しましょう。（　　）に入るのは a、an のどちらでしょうか？

● I'll listen to (　　) NHK radio English conversation program.

（じゃあ、私、今から NHK のラジオ英会話講座のどれかを聞いてくるわね）

答えは an です。

NHK は［エン・エイチ・ケイ］だから、母音で始まっているわけだ！

第20話 冠詞ちゃん登場

a、anは不定冠詞、theは定冠詞と呼ばれる！

冠詞には3種類があります。まず、**不定冠詞**と呼ばれる **a** と **an**、そして**定冠詞**と呼ばれる **the** です。

① 不定冠詞の a と an の区別の基本

> 子音で始まる語には ➡ a を付ける

a boy［bɔ́i］(少年)　　**a** dog［dɔ́ːg］(犬)

> 母音で始まる語には ➡ an を付ける

an apple［ǽpl］(リンゴ)　　**an** uncle［ʌ́ŋkl］(叔父)

② 盲点の克服

> 母音字で始まっていても、発音が子音の語には ➡ a を付けます

a university［júːnəvə́ːrsəti］(大学)
a European［jùərəpíːən］(ヨーロッパ人)
an umbrella［ʌmbrélə］(傘)
an Englishman［íŋgliʃmən］(イギリス人)

③ h で始まっている語でも、h が発音されない場合には、an を付けます。

an hour［áuər］(1時間)
an honorable position［ánərəbl］(名誉ある地位)

an unbrella

アナンブレラ♪

ズィアーティスト！

the artist

an や the は名詞と音が連結（リエゾン）することが多いです。

Chapter 3 名詞・代名詞・冠詞

[第20話] 冠詞ちゃん登場

④略語でも母音で始まるものには、an を付けます。

an MRI scan ［ém á:r ai］(MRI スキャン)

an HIV test ［éitʃ ai ví:］(HIV 検査)

⑤定冠詞 the の発音の区別

> 子音・半母音で始まる語は ➡ the ［ðə］と発音する

the desk ［désk］(机)   **the** universe ［jú:nəvə̀:rs］(宇宙)

> 母音で始まる語は ➡ the ［ði:］と発音する

the artist ［á:rtist］(芸術家)   **the** heir ［éər］(相続人)

Exercise

1 次の各フレーズの（　）に a か an のどちらかを入れてください。

① make (　) error
② crack (　) egg
③ wear (　) uniform
④ send (　) SOS
⑤ give (　) useful hint
⑥ listen to (　) FM radio station

解答 | 1　① an（間違いをする）
② an（卵を割る）
③ a（制服を着用する）
④ an（SOS［遭難信号］を発する）
※ SOS は、モールス符号で「短点3つ、長点3つ、短点3つ」を連続した符号です。「短点3つ」が「S」「長点3つ」が「O」なので、遭難信号を「SOS」と呼ばれるようになりました。
⑤ a（役立つヒントを与える）
⑥ an（FM ラジオ局を聞く）
※ FM は frequency modulation（周波数変調）の頭字語です。

第21話 不定冠詞・定冠詞

a/an と the の意味とは？

Ⓐ **I watched a movie last night. It was called "War Room."**
（昨晩映画を見ました。『War Room』というものでした）

Ⓑ **I've seen the movie, too.**
（その映画は僕も見たことがありますよ）

冠詞のお話のつづきです。ここでは意味にフォーカスします。会話例で movie の冠詞として使われているのは何でしょう？

Ⓐでは a なのに、Ⓑでは the になってるニャ。

不定冠詞 の a/an は「**不特定のもの**」の前に付ける、一方、**定冠詞** の the は「**特定のもの**」の前に付けるという性質があります。つまり、Ⓐが言った a movie（映画）について、Ⓑは the movie（その映画）と特定しているのです。つまり、"War Room" と映画のタイトルをⒶが伝えたために、Ⓑははっきりと何の映画かがわかったわけです。

うん、それなら特定できるニャ。

I watched a movie last night. It was called "War Room."

I've seen the movie, too.

第21話 不定冠詞・定冠詞

冠詞はどんなときに使うのか？

不定冠詞 a/an の用法

① 不特定のもの
- We need to buy **a** new car.
  （私たちは新車を購入する必要があります）

② 初めて話題にのぼるもの
- Once upon a time there lived **an** old man and **an** old woman.
  （昔々ある所に、おじいさんとおばあさんがいました）

③ 「1つの」という意味を表す
- We waited for him for **an** hour.
  （私たちは彼を1時間待ちました）

> これは one が弱まった意味で使われています。

④ 「〜というものは」という意味を表す
- **A** dog is a faithful animal.
  （犬というものは忠実な動物です）

⑤ 「ある〜」という意味を表す
- The accident occurred on **a** Saturday.
  （その事故はある土曜日に起きました）

⑥「いくらかの」という意味を表す

- They stayed here for **a** while.
  (彼らはしばらくの間、ここにいました)

> some と同じ意味です。

⑦「〜につき」という意味を表す

- She works part-time at a supermarket three days **a** week.
  (彼女はスーパーで週3回パートをしています)

> per と同じ意味です。

⑧「同じ、同一の」という意味を表す

- Birds of **a** feather flock together.
  (同じ羽毛の鳥は一緒に群がる ➡ 類は友を呼ぶ)

> the same と同じ意味です。

⑨「〜という人」という意味を表す

- **A** Mr. Smith came to see you.
  (スミスさんという人があなたを訪ねてきましたよ)

⑩「〜の作品・製品」という意味を表す

> たくさんある中の一つというニュアンスです。

- Actually, it's **a** Picasso.
  (実はそれはピカソの作品です)
- It's **a** Sony.
  (それはソニーの製品です)

> テレビコマーシャルでも有名なフレーズですね。

定冠詞 the の用法
①すでに出た名詞を表す
- I saw **a** cute cat on the street. **The** cat was white and fluffy.
（路上で一匹の猫を見ました。その猫は白色でもこもこしていました）

②状況によってそれとわかる場合
- Could you close **the** window?
（窓を閉めていただけますか）
- He is in **the** bathroom.
（彼は今トイレに入っています）

③「楽器を弾く」という場合
- play **the** piano　　　　play **the** violin
　（ピアノを弾く）　　　　（バイオリンを弾く）

④「唯一のもの」を指す場合
- **the** earth（地球）　　**the** sun（太陽）　　**the** world（世界）
　the President（大統領）　　**the** Bible（聖書）

⑤最上級、序数詞、only などに修飾される名詞の場合

> ただ一つのものに特定できますからね。

- Lake Biwa is **the** largest lake in Japan.
（琵琶湖は日本で一番大きい湖です）

- This is **the** first time I have visited Niagara Falls.
  (ナイアガラの滝を訪れるのは、これが初めてです)
- Craig is **the** only person who can handle this machine.
  (クレイグは、この機械を使いこなせる唯一の人です)

⑥〈the ＋ 形容詞〉で特定のグループ全体を指す場合

「〜の人々」という意味を表します。

- **The** young tend to complain about everything.
  (若者はすべてに対して不満を述べる傾向がある)

the old [= the elderly]（老人 [高齢者]）　　**the** rich（裕福な人々）
the poor（貧しい人々）　　**the** brave（勇敢な人たち）
the wise（賢明な人たち）などがよく用いられます。

第21話 不定冠詞・定冠詞

Exercise

1 次の各文の（　）に適当な冠詞を入れてください。

① He is （　） dentist.
② Please remember to lock （　） door.
③ There is （　） vase on the table.
④ Can you play （　） guitar?
⑤ I try to visit my parents once （　） month.

解答　1　① a（彼は歯科医です）
　　　　② the（忘れずにドアに鍵を掛けておいてください）
　　　　③ a（テーブルの上に花瓶があります）
　　　　④ the（ギターを弾けますか）
　　　　⑤ a（私は月に一度両親を訪問するようにしています）

Chapter 4

助動詞

動詞だけでは
伝えきれないことを、
助動詞が補ってくれます。

第22話 助動詞って何者?

助ける
助動詞　動詞

can　go
　　　行く
　行くことができる

key 「〜できる」は can、「〜できた」は could?

助動詞ってよく聞くでしょう。普通の動詞を助けるから、助けるを付けて助動詞って呼ばれるわけです。

でも種類がいっぱいあるニャ。助動詞って呼ばれるくせに、全然あたしの助けにはなってないニャ!

そんなネコ姫さんも、今回の学びでわかるようになるでしょう。さて、食事中にテーブルの上にある物を取る場合、手を伸ばして遠くの物を取るのは、英語圏ではマナー違反です。たとえば、塩を回して欲しいとき、どう英語で表現しますか?

Can you pass me the salt?、
それか、**Will you** pass me the salt? かニャ?

他人の家の食卓であっても、そう言いますか?

128

えっ、どうして？ **Can you**〜？も **Will you**〜？も依頼表現だと習ったニャ・・・。

オイラの家に来るときは、もっと丁寧な言葉を使わなくちゃいけないぞ！ オイラの父ちゃん、マナーにうるさいから。

他人の食卓におよばれするときは、目上の人に接するときのように、丁寧に依頼をするほうがいいですね。そんな場合は、助動詞を過去形にして、**Could you**〜？や **Would you**〜？とすればいいんです。

最後に **please** を加えると、もっと丁寧さが増すぞ。

確かにそうですね。ところで、can は「できる」could は「できた」と単純に覚えている人が非常に多いようですが、特に could の使い方には十分注意が必要ですよ。

えっ？
それってどういうことニャン？

それでは、次の会話例を考えてみましょう。

Ⓐ　After the movie, did you make it to the train last night?
　　（昨晩、映画を見終わった後、電車に間に合ったの？）

Ⓑ　Yeah. I was able to get there in 10 minutes.
　　（うん。（映画館から）そこ [駅] には10分で着くことができたのよ）

第22話 助動詞って何者？

実は、会話例の Ⓑ の I was able to get there in 10 minutes. のような文の場合は、**could** ではなく **was able to** を使う必要があるのです。

な、なんでだニャ？

それでは、そういう注意点も含めて、助動詞の基本的な用法を見ていくことにしましょう。

canの4大用法はこれだ！

can
①〜できる ［= be able to］
- Sharon **can** play the saxophone.
  （シャロンはサクソフォンを演奏することができます）**[能力]**

次は can の過去形 could の用法をチェック！

過去時制では、could は「習慣的用法」「過去の能力」と「否定文」のみで使えるんだぞ。

- We **could** swim in this river when we were children.
  （私たちが子供の頃はこの川で泳ぐことができました）**[習慣的用法]**

この文の could は were able to で言いかえができるぞ。

- My daughter **could** read books when she was only three years old.
  （私の娘はたった3歳で本を読むことができました）**[過去の能力]**

> この文の could は was able to で言いかえができるぞ。

- I was so tired that I **couldn't** walk any further.
 （私はとても疲れていたので、それ以上歩くことはできませんでした）

[否定文]

> この文の couldn't は wasn't able to で言いかえができるぞ。

> しかし、次のような文では could を用いることはできません。「（過去に）１回限りの行為・動作をすることができた」場合には、was [were] able to を用いなければならないからです。

- I ran really fast, and **was able to** catch the bus.
 （私はすごく早く走ったので、バスに間に合うことができました）
 [＝I ran really fast, and managed to catch the bus.]

> また未来の場合、will と can を一緒に使うことはできないぞ。

> 未来のことについて「～できるだろう」という意味を表す場合は、will と can を一緒に使うことはできません。なぜならば、助動詞を２つ続けることができないからですね。ですから、「あなたはすぐに泳げるようになるでしょう」であれば、You **will be able to** swim soon. と表現します。反対に、「あなたはすぐに泳げるようにならないでしょう」であれば、You **won't be able to** swim soon. となります。

②～することがある、～であり得る

- It **can** snow in Denver in August.
 （デンバー市では８月に雪が降ることがあります）

> can よりも控えめなニュアンスですが、could を使うこともできます。

- It **could** be true.
 （それが本当である可能性はあり得ます　➡　それは本当かもしれませんね）

③〜してもいい
- **Can** I sit here?

    (ここに座ってもいい？)

    > 〈Can I〜?〉は家族、友達など親しい間柄で使う表現です。初対面の人や目上の人に対してお勧めなのは、〈May I〜?〉という丁寧な言い方です。

④〜してくれますか
- **Can** you give me a ride to the station?

    (駅まで送ってくれない？)

mayの3大用法はこれだ！

may

①〜してもいい
- **May** I have your name, (please)?

    (お名前を伺ってもよろしいですか)
- **May** I be excused?

    (トイレに行ってもいいですか)
- You **may** go now.

    (もう帰ってもいいよ)

②〜かもしれない
- It **may** rain tomorrow.

    (明日は雨が降るかもしれません)

    > より控えめな推量表現として、**might** もよく使います。

- Doug **might** be sleeping right now.
  （ダッグは今寝ているかもしれません）

③ 〜しますように
- **May** your dreams come true.
  （あなたの夢が叶いますように）

> May God be with you. は「神があなたと共にあらんことを」の意味ですが、映画『スターウォーズ』ではジェダイたちが May the Force be with you.（フォースと共にあれ）というセリフをよく使っていました。

willの４大用法はこれだ！

will

① 〜するだろう
- According to the weather forecast, it **will** be cloudy tomorrow.
  （天気予報によれば、明日は曇りだそうです）**[予測]**

② 〜するつもりです／必ず〜します
- I'**ll** help you set the table.
  （テーブルの準備を手伝いますよ）
- I **won't** do that again.
  （二度とあんなことはしません）　※ won't = will not

③ 〜してくれますか
- **Will** you speak a little louder?
  （もう少し大きな声で話してくれる？）

> 家族、友達などの親しい間柄で使います。ぶっきらぼうな口調で言ってしまうと、命令的に聞こえることがありますので、注意が必要です。Will を過去形の Would にして、〈**Would you ~ ?**〉と言えば、より丁寧な言い方になるので、こちらの方がよりお勧めです。同様に、Can も過去形の Could にして、〈**Could you ~ ?**〉と言えば、より丁寧な言い方になります。

- **Would** you speak a little louder, please?
  (もう少し大きな声で話していただけますか)

④ ~しますか

- **Will** you have some more cake?
  (もう少しケーキをどうですか)
- **Will** you come in?
  (お入りになりませんか)

Exercise

1 日本語の意味に合うように（　）に適当な助動詞を入れてください。

① Don't worry about the spill. I (　　) clean it up.
（こぼしたことは心配しないでね。私がきれいにしますから）

② (　　) you pass the sugar, please?
（砂糖を取っていただけますか）

③ Unfortunately, Kelley (　　) catch the last train.
（あいにく、ケリーは最終電車に間に合いませんでした）

④ She (　　) come or she (　　) not.
（彼女は来るかもしれないし、来ないかもしれません）

⑤ My brother (　　) probably be accepted to Wheaton college.
（私の兄はおそらくウィートン大学に合格するでしょう）

解答　1　① will
② Could または Would
③ couldn't
④ may, may
⑤ will

第23話 丁寧な助動詞

key なぜ過去形が丁寧なのか？

Ⓐ **Could** you do me a favor?
（1つお願いを聞いてもらえますか）

Ⓑ **Well, it depends on what it is.**
（まあ、お願いごとにもよりますが）

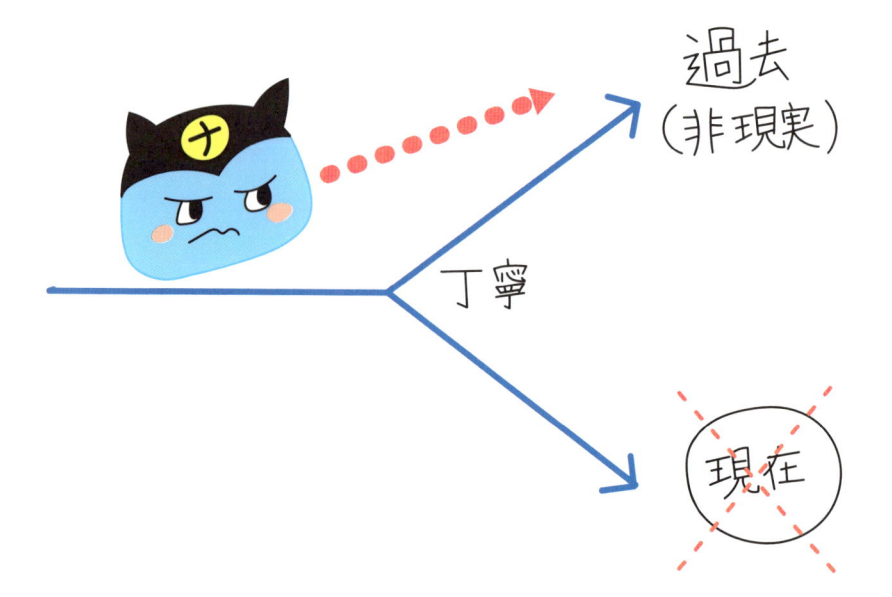

過去（非現実）

丁寧

現在

ねえねえ、会話例の Ⓐ のように、could や would のような過去形の**助動詞**を使うと、どうして丁寧な表現になるニャ？

日本語でも初対面の人や目上の人には、丁寧な言葉遣いをします。それらの人に対して、最初からタメ口で話すならば、「こいつは何様なんだ？」と思われるのがオチです。

初対面の人や、上司部下の関係には、
まだ距離があるからニャ〜。

敬語を使うとき、私たちは相手との距離を意識しています。「遠慮」という距離感、といえば、わかりやすいでしょうか。とにかくそこで、丁寧でかしこまった言葉遣いをするわけです。

同じように英語にもこの距離感が存在します。人間対人間の関係性に、国籍はありません。could と would は、can と will の過去形です。過去というのは、現在から見ると、すでに過ぎ去ったものであり、**「時間の隔たり」**を感じさせます。

この「時間の隔たり」が、話し手と聞き手の間における**「心理的な隔たり」**に置き換えられることで、**助動詞の過去形**は**「丁寧な依頼」**や**「控えめな推量」**のように、**遠慮がちな気持ちを表す**ことができるわけです。

現在のことを言ってるのに、わざわざ助動詞を過去にする。そのズレが英語では**「遠慮がち」**を演出してくれるのかニャ？

> 第23話　丁寧な助動詞

はい。さらに言うと、Will you pass me the salt? の Will を Would にすれば、Would you pass me the salt? となりますよね。この文のうしろに、if you didn't mind (もしも差し支えなければ) が省略されていると考えてみてください。

「仮定法過去」という用法だぞ。

むずかしい言葉は使わニャいで。

仮定のところだけ、意味をくみとってみましょう。仮定とは「仮に定めたこと」。仮に何かをしていたら、そうなっていたであろう、架空のことです。

架空＝フィクションだ、ニャ。

ということで、will よりも **would**、can よりも **could** で尋ねるほうが、遠回しな表現、つまりソフトな響きを持った丁寧表現になるわけです。

Exercise

1 次の日本語を英語に訳してください。

① ちょっと質問してもいいですか。（couldを使って）
② 窓を開けてもらえますか。（wouldを使って）
③ もう少しゆっくり話してもらえますか。（couldを使って）
④ 後でもう一度お電話をくださいませんか。（wouldを使って）
⑤ もう一度おっしゃっていただけますか。（couldを使って）

解答 　1　① Could I ask you something?
　　　　② Would you open the window, please?
　　　　③ Could you speak a little more slowly?
　　　　④ Would you call me back later?
　　　　⑤ Could you say that again?
　　　　　　または Could you repeat that?

第24話 よくまちがえる助動詞

key: should と had better ではどちらが意味が強いの？

- 日本に来る外国人の数が増えてきましたね。

- 散歩してると、そこらじゅうで見かけるニャ。

- もしも外国人から、
  - Excuse me, but could you tell me how to get to Teikoku Hotel?
  と聞かれたらどうしますか？

- そりゃあ、なんとか答えてあげたいニャ。

> それなら、地下鉄に乗る必要はないニャ。
> 歩いて行けばたった5分ニャンだから。
>
> ×You mustn't take the subway. You had better walk straight on this road for five minutes.

> そんなふうに答えたら、
> その外国人、びっくりしてたでしょう？

> ニャ、何がいけなかったの…

> 君は大きなミスを2つもしでかしましたね。

ネコ姫が言っちゃった大きなミスはこれだ！

① **You mustn't take the subway.**
　× mustn't

② **You had better walk straight on this road for five minutes.**
　× had better

　まずmustn'tは、はっきりとした禁止を表す助動詞で「〜してはいけない」という意味なんです。そして、Youを主語にしたhad betterは「〜したほうがいい」なんて感じのソフトな提案ではなく、「〜しなさい」「〜しないといけない」という意味の強い警告、忠告を表す助動詞なのです。

> なぬ？

[第24話] よくまちがえる助動詞

模範解答はこちらです。

- **I think** you **should** walk straight on this road, instead of taking the subway. It's only a five-minute walk from here.
（地下鉄に乗らずに、この道をまっすぐ歩いていかれるとよいでしょう。ここからほんの歩いて5分のところですから）

まちがえやすい助動詞をここで整理！

should
①〜すべきだ（義務）、〜するほうがよい（助言）
- You **should** study for your exams today.
（今日は試験勉強をすべきですよ）
- You **should** do more exercise.
（君はもっと運動をするべきだよ／君はもっと運動をするほうがいいよ）
- **Should** I bring my own computer?
（自分自身のコンピュータを持っていくべきですか／自分自身のコンピュータを持っていくほうがいいですか）

> 突然厳しい口調で You should 〜と言うと相手は何か叱られているかのように感じてしまう場合もあります。しかし、文頭に **I think** や **Maybe** などを付け加えると、やんわりとした感じになり、誰に対しても失礼のない表現となります。

②〜するはずだ、〜であるはずだ（当然）
- Everything **should** work out as planned.
（すべて計画どおりにいくはずです）
- Melanie **should** be on her way home now.
（メラニーは今、家に向かっているはずです）

142

- That **shouldn't** be a problem.
  (それは問題にはならないはずです)

ought to
should よりも意味が少しだけ強いです。否定形は **ought not to** ～。
①～すべきだ (義務)、～するほうがよい (助言)
- You **ought to** go on a diet.
  (あなたはダイエットをすべきです／君はダイエットをしたほうがいいよ)
- You **ought not to** sit up so late.
  (そんなに夜更かしするべきではないよ)

②～するはずだ、～であるはずだ (当然)
- They **ought to** be here soon.
  (彼らはもうすぐここに着くはずです)

had better
①～するほうがよい　※1人称のとき
- I'**d** [We'**d**] **better** get going.
  (そろそろ出発するほうがいいだろう　➡　そろそろ行かなくては)

※会話では、had を省略したくだけた言い方 (I [We] better get going.) が使われることもあります。

〈I'd better ～〉や〈We'd better ～〉のように1人称で使う分には「～するほうがよい」と使ってまったく問題はありません。しかし、主語が1人称以外〈You'd better ～〉などの場合には、相手に何かを勧めるというよりは、むしろ「～しなさい」と言った命令になりますので、要注意！

143

②～するほうがよい（強め）＝～しなさい　※2人称のとき

- You'**d better** quit smoking.
  （あなた、本当に禁煙をしたほうがいいわ）
- He'**d better not** associate with those guys.
  （彼はああいう連中と付き合っていてはだめだ）

〈You had better ～〉はおしつけがましく、高圧的だぞ！

must

①～しなければならない（義務・必要）

- I **must** go home before it gets dark.
  （私は暗くなる前に家に帰らなければなりません）
- You **must** do what seems right to you.
  （あなたは自分にとって正しいと思うことをやらなければなりません）

「いいえ、その必要はありません」と返答する場合には、No, you mustn't. とは言えません。
正しくは、No, you **don't have to**. と言います。

※比べてわかる大きな違い

- You **mustn't** enter this room without permission.
  （許可なしにこの部屋に入ってはなりません）［禁止］
- You **don't have to** attend this meeting.
  （あなたはこの会議には出席しなくてよいです）［不必要］

なお、must には過去形がないので、「(過去に) ～しなければならなかった」という場合には、〈had to ～〉を使います。また、「(未来に) ～しなければならないだろう」という場合には、〈will have to ～〉を使います。

②**〜にちがいない**　※確信度 95％

- He **must** be tired after a long walk.
  （彼は長い距離を歩いた後で、疲れているに違いない　➡　彼は長く歩いたので、きっと疲れているでしょう）

※**比べてわかる大きな違い**

- It **must** be true.
  （それは本当にちがいありません）　※確信度 95％
- It **can't** be true.
  （それは本当であるはずがありません）　※確信度 99％

③**ぜひ〜してください**

- You really **must** come and see us one of these days.
  （近いうちにぜひ遊びにおいでくださいね）
- You **must** go to Mall of America while you are in Minnesota.
  （ミネソタ滞在中は、モール・オブ・アメリカにぜひ行ってね）

第24話 よくまちがえる助動詞

助動詞を「確信の度合い」が強い順に並べると？

強い ←——————————→ 弱い

must　will　would　ought to　should　may　might　could

［これらはすべて可能性・推量を表す助動詞です］

　will よりも would、may よりも might のほうが確信の度合いが低くなります。それは、過去形のほうが控えめな推量になるからです。

have to
① 〜しなければならない　※会話では must よりも頻繁に使われます。
- He **has to** clean up his room today.
  （彼は今日部屋の掃除をしなければなりません）

> 3人称現在の場合は、**has to** になるぞ。

- Yesterday I **had to** read 80 pages for the class assignment.
  （昨日私はクラスの宿題で80ページ読まなければなりませんでした）

> 過去を表す場合は **had to** になるぞ。

- You **will have to** wait for almost an hour for the next bus.
  （次のバスが来るまで、ほぼ1時間待たなければならないでしょう）

> 未来を表す場合は **will have to** だぞ。

②〜にちがいない

- She **has to** be over 70 years old.
  （彼女は70歳を超えているにちがいありません）

発音チェック have to [hǽftə]、has to [hǽstə]、had to [hǽt(t)ə]

> have to の代わりに、くだけた会話では、よく **have got to** が使われます。

- I**'ve got to** go back to work now.
  （もう仕事に戻らなければなりません）
  [= I **have to** go back to work now.]

※比べてわかる大きな違い

must ➡ 話し手の主観的に判断した「義務・必要」
have to ➡ 客観的な「義務」や周囲の事情による「必要」

- You **must** go home now.
  （もう帰らなければいけないよ）

> 話し手の意志や都合で言っている感じです。

- You **have to** go home now.
  （もう帰らなければいけないよ）

> もう帰らないと電車に乗れなくなるとか、家の門限に間に合わなくなるかもしれないので帰れと言っている感じです。
> しかし、多くの場合、must と have to はほぼ同じような意味で使われるので、それほど使い方を区別する必要はありません。

need
〜する必要がある

- **Need** I call them?
  （私は彼らに電話をする必要がありますか）
  [＝ **Do I need to** call them?]［一般動詞］
- You **needn't** wait for him.
  （あなたは彼を待つ必要はありません）
  [＝ You **don't need to** wait for him.]［一般動詞］

> need（〜する必要がある）が助動詞として用いられるのは、疑問文と否定文においてのみで、主にイギリス英語で用いられます。ただし、今日では〈need + to *do*〉の形で一般動詞として使う方が多くなっています。肯定文では、〈need + to *do*〉の形で使うしかありません。

- She **needs to** work overtime tonight.
  （彼女は今夜残業しなければなりません）
- He **needed to** change flights at Chicago O'Hare International Airport.
  （彼はシカゴ・オヘア国際空港で飛行機を乗り換える必要がありました）

> 助動詞 need には過去形がないので、過去のことを述べる時は、一般動詞として用いなければなりません。

used to
①以前はよく〜したものだった、〜するのが常であった

- She **used to** travel abroad alone.
  （彼女は以前よく一人で海外旅行をしたものです）
- He **used to** get up early in the morning.
  （彼は以前早起きをする習慣がありました）

> 〈be used to 〜〉「〜に慣れている」と混同しないように注意しましょう。

- He **is used to** getting up early in the morning.
  (彼は朝早起きをすることに慣れています)

②以前は〜だった
- There **used to** be a white castle on the hill.
  (昔はその丘の上に白い城がありました)
- He is not what he **used to** be ten years ago.
  (彼は10年前の彼ではありません)

dare
①あえて〜する、〜する勇気がある　※主に否定文と疑問文で使います。
- He **dared not** do such a dangerous thing.
  (彼にはとてもそんな危険なことをする勇気はありませんでした)
  [= He **didn't dare (to)** do such a dangerous thing.] [一般動詞]
- **Dare** you tell her the truth?
  (彼女に真実を言う勇気はあるのかい？)
  [= **Do** you **dare (to)** tell her the truth?] [一般動詞]

②よくも図々しく〜できるものだ
- **How dare you say** such a thing to me?
  (君はよくも私にそんなことが言えるものだね)

> 否定文も疑問文も、一般動詞として〈dare to 〜〉の形で使うのが普通だぞ。

> 肯定の平叙文でも、一般動詞として〈dare to 〜〉の形で使うのが普通です。

③おそらく〜だろう　※主にイギリス英語
- **I dare say** things will pick up.
  (たぶん状況は上向きになるでしょう)

第24話 よくまちがえる助動詞

助動詞を「強制の度合い」が強い順に並べると？

強い ←————————————————→ 弱い

must　　have to　　had better　　ought to　　should

［これらはすべて義務・当然を表す助動詞です］

Exercise

1 次の各文のAとBのうち、意味の強いのはどちらですか。

① A. You must wear a helmet when riding a motorcycle.
　 B. You had better wear a helmet when riding a motorcycle.
② A. You should wear a helmet when riding a motorcycle.
　 B. You had better wear a helmet when riding a motorcycle.
③ A. You ought to wear a helmet when riding a motorcycle.
　 B. You have to wear a helmet when riding a motorcycle.

解答　1　① A
　　　　　② B
　　　　　③ B
　　　　　※ wear a helmet when riding a motorcycle の意味は「オートバイに乗る際、ヘルメットを着用する」です。

第25話 後悔や非難・・・の助動詞

key: 助動詞の後に〈have + 過去分詞〉を付けることがあるの？

Ⓐ **How was the potluck party last night?**
（昨晩のポトラック・パーティーはどうだった？）

Ⓑ **It was great.
You should have come.**
（よかったわよ。あなたも来るべきだったわ）

ここまで**助動詞**を学んできましたが、今回は〈**助動詞＋have＋過去分詞**〉の形をご紹介したいと思います。
実はここには２つの意味が含まれてくるのです。

またむずかしそうだニャ。

152

会話例の Ⓑ を見てください。

You should have come.

これは You should have **come to the potluck party**.
（あなたも**ポトラック・パーティーに**来るべきだったのに）
と、青い部分が省略されています。

軽く非難している感じだニャン。

そうですね。つづいて別の文を考えてみましょう。

He **should have** received my letter because I sent it to him a week ago.
（私は彼に1週間前に手紙を送ったので、彼は受け取っているはずです）

これも非難を表していますか？

ちがうニャ。「当然〜したはず」だから、確信めいたことを言ってるニャン。

〈should ＋ have ＋ 過去分詞〉の場合は、**過去の行為**に対して、

① 〜したかもしれない（推量）
② 〜するべきだった（後悔や非難）

という2つの意味を作り出します。

第25話 後悔や非難…の助動詞

〈助動詞＋have＋過去分詞〉は英会話でよく使う！

①推量

形	意味
may/might ＋ have ＋過去分詞	～したかもしれない
could ＋ have ＋過去分詞	～したかもしれない
would ＋ have ＋過去分詞	～しただろう
should/ought to ＋ have ＋過去分詞	～したはずだ
must ＋ have ＋過去分詞	～したにちがいない
couldn't/can't [cannot] ＋ have ＋過去分詞	～したはずがない

may/might ＋ have ＋ 過去分詞（～したかもしれない）
- You **may have heard** of this story before.
  （あなたはこの話を以前に聞いたことがあるかもしれません）
- He **might have visited** his parents yesterday.
  （ひょっとしたら、彼は昨日両親を訪問したかもしれません）

> may の代わりに過去形の might を用いると、「ひょっとしたら、もしかすると」という意味の控えめな推量となり、確信の度合いが弱くなります。

could ＋ have ＋ 過去分詞（もしかすると～したかもしれない）
- It **could have been** worse.
  （もしかすると、もっとひどいことになっていたかもしれません ➡ そのくらいで済んでよかったです、不幸中の幸いでした）

154

would + have + 過去分詞（たぶん〜しただろう）
- They **would have arrived** at the hotel by now.
（彼らは今頃もうホテルに到着しているでしょう）

should/ought to + have + 過去分詞（当然〜したはずだ）
- Gloria **should [ought to] have left** for Atlanta last week.
（グロリアは先週アトランタへ出発したはずです）

must + have + 過去分詞（〜したにちがいない）　※確信度 95%
- He **must have been** very popular with girls when he was young.
（彼は若い頃、女の子に違い非常に人気があったに違いありません）

couldn't/can't [cannot] + have + 過去分詞（〜したはずがない）

※確信度 99%

- Sam **couldn't [can't] have said** such a thing.
（サムがそんなことを言ったはずがありません）

②後悔や非難

形	意味
should/ought to + have + 過去分詞	〜すべきだったのに（しなかった）
shouldn't/ought not to + have + 過去分詞	〜すべきではなかったのに（した）
needn't + have + 過去分詞	〜する必要はなかったのに（した）

should/ought to + have + 過去分詞

(〜すべきだったのに (**実際にはしなかった**))

- I **should [ought to] have warned** him about it.
(それについて彼に忠告してやるべきでした)

shouldn't/ought not to + have + 過去分詞

(〜すべきではなかったのに (**実際にはしてしまった**))

- I **shouldn't [ought not to] have carried** that heavy box. Now my back hurts.
(あの重い箱を運ぶべきではありませんでした。今腰が痛いです)

needn't + have + 過去分詞

(〜する必要はなかったのに (**実際にはしてしまった**))

- She **needn't have washed** the dishes.
(彼女は皿を洗う必要はありませんでした ➡ でも実際には洗った)

※**比べてわかる大きな違い**：上の文と比較してみましょう。

- She **didn't need to wash** the dishes.
(彼女は皿を洗う必要はありませんでした ➡ 洗ったかどうかは不明)

Exercise

1 日本語の意味に合うように（　）に適当な助動詞を入れてください。

① He (　) have painted the picture all by himself.
(彼がその絵をすべて一人で描いたはずがありません)

② Rebecca (　) have finished her lunch by now.
(レベッカはもうすでに昼食を終えているはずです)

③ You (　) have left your purse on the train.
(あなたはハンドバッグを電車に置き忘れたにちがいありません)

④ I (　) have studied more for my chemistry exam.
(化学のテスト勉強をもっとするべきでした)

⑤ You (　) have met him before.
(あなたは彼に以前会ったことがあるかもしれません)

解答　1　① couldn't または can't [cannot]
　　　　② should
　　　　③ must
　　　　④ should
　　　　⑤ might

第26話 される側の身になる受動態

〈be動詞＋過去分詞〉の形式！

Ⓐ **They speak English in Canada, right?**
（カナダでは英語を話しますよね？）

Ⓑ **That's right.**
French is also spoken there.
（そのとおりです。フランス語も話されていますよ）

さて、ここまでは英語の文を主語の立場から考えてきましたが、ここでは主語が他の何かから影響を受けて、「～された」状態を表す形式をチェックしましょう。

語順が変わったりするのかニャ？

語順は変わりません。
会話例のⒶとⒷを比較してみましょう。共通しているのは何でしょうか？

🐱 ⒶとⒷともに speak が動詞にあるニャ。でも、Ⓑは過去のことを言ってるわけじゃニャいのに、spoken と過去形みたいな形をしているニャ…

👮 spoken は過去分詞だ！ 過去形は spoke だぞ。

🐱 その分詞というのが、いまいちわからニャいんだ！

分詞ってそもそも何？

少し**受動態**から脱線しますが、**分詞**について確認しておきましょう。

分詞には、動詞を「分岐」させて、そこから形容詞のような意味を生む役目があります。そして、**分詞**には**現在分詞（〜 ing）** と**過去分詞（〜 ed）** の２種類があります。

過去分詞の基本用法
①受動態
②完了形
③形容詞のような働き

言葉自体がむずかしいですが、「分」という字がポイントです。つまり「分かれること」。生物が進化するとき、さまざまな種類に枝分かれしていきます。それと同じように speak という動詞がストレートな動詞そのものではなく、少し形を変えて、新しい意味を持つ spoken に枝分かれし

第26話 される側の身になる受動態

ていく。それが動詞の分岐（＝分詞）のイメージです。

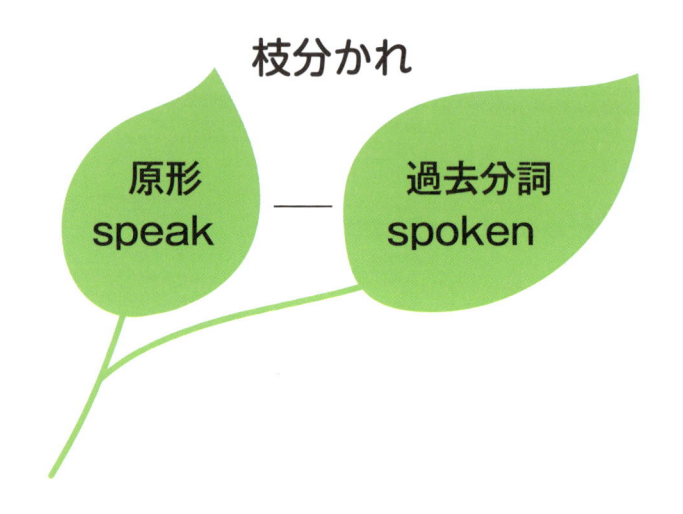

枝分かれ

原形
speak ── 過去分詞
spoken

　ストレートの意味でなく、別のことを表すための「動詞の分身」と考えてもよいでしょう。

🐱　変化球だニャ。

🧑　そうですね。とくに今回学ぶ受動態は少し回りくどい言い方になるので、比ゆ的に変化球といってもよいでしょう。

🐱　どうやったら、そのカーブを投げられるニャ？

🧑　ルールがあります。もう一度、会話例を見てみましょう。

能動態 ➡ Ⓐ They **speak** English in Canada, right?
受動態 ➡ Ⓑ That's right. French **is** also **spoken** there.

　Ⓐのように、主語(=動作主)が目的語(=受動者)に働きかける動詞の形を**「能動態」**と言います。一方、Ⓑのように、目的語(=受動者)が主語(=動作主)に働きかけられる動詞の形を**「受動態」**または**「受け身」**と言います。
　能動態は**「〜する」**という意味を表しますが、**受動態**は**〈be＋過去分詞〉**の形式を持ち、**「〜される」**という意味を表します。

- ① My brother **painted** the garage.
  （兄はガレージにペンキを塗りました）
  ➡ **The garage was painted** by my brother.
  　（ガレージは兄によってペンキを塗られました）

- ② My uncle **gave** me this watch.
  （叔父は私にこの時計をくれました）
  ➡ **I was given** this watch by my uncle.
  　（私は叔父からこの時計をもらいました）
  ➡ **This watch was given** me by my uncle.
  　（この時計は叔父からもらいました）

- ③ Everyone **calls** her Debbie.
  （みんなが彼女のことをデビーと呼んでいます）
  ➡ **She is called** Debbie by everyone.
  　（彼女はみんなからデビーと呼ばれています）

　上記の①〜③の受動態は、すべて**〈by〜〉**で動作主が表現されています。しかし、実際には約85％の受動態において、動作主〈by〜〉は省略

されます。

　では、**〈by＋動作主〉が省略される**のは、どのような場合なのでしょうか。代表的なケースを3つあげておきます。

①動作主が不明

- My grandfather **was killed** in the war.
（私の祖父は戦死しました）

②動作主が「一般の人々」

- English **is spoken** all over the world.
（英語は世界中で話されています）
- Milk **is made** into butter and cheese.
（牛乳は加工されてバターやチーズになります）

③動作主がわかりきっている

- Troy **was caught** for speeding.
（トロイはスピード違反で捕まりました）
  ※動作主は警察であることは明らか

Exercise

1 次の各文を受動態の文に書き換えてください。

① Maria opened the window.
② Larry told me to help her.
③ A foreigner spoke to me on the street.
④ My parents love me.
⑤ Rose takes care of the kitten.

解答 1 ① The window was opened by Maria.
　　　　（窓はマリアに開けられました）
② I was told to help her by Larry.
　　（私はラリーに彼女を助けるように言われました）
③ I was spoken to by a foreigner on the street.
　　（私は道で外国人に話しかけられました）
④ I am loved by my parents.
　　（私は両親に愛されています）
⑤ The kitten is taken care of by Rose.
　　（その子猫はローズによって世話をされています）

☕ Coffee Break

英文の「骨組み」はS+Vだ!

🐷 英語をスラスラ読めるようになるには、どうすればいいニャン?

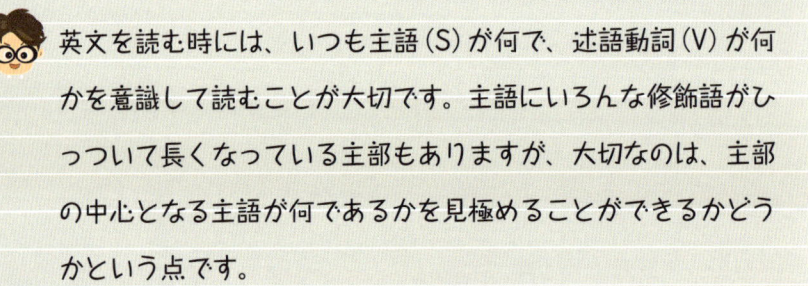

👦 英文を読む時には、いつも主語(S)が何で、述語動詞(V)が何かを意識して読むことが大切です。主語にいろんな修飾語がひっついて長くなっている主部もありますが、大切なのは、主部の中心となる主語が何であるかを見極めることができるかどうかという点です。

😾 主語が何かさえ分かれば、述語動詞はすぐにわかるぞ!

👦 そうですね。主語と述語動詞さえ、正確におさえることができれば、あとはラクですよ。述語動詞のあとがどうなっているかを見ればよいだけです。述語動詞だけで終わっている文もありますし、述語動詞のあとに目的語(O)が置かれている文もあります。また、補語(C)が置かれている文もあります。その辺りが理解できれば、もう十分です!

🐷 5文型っていうのを覚える必要はあるのかニャ?

👦 まあ、特に覚える必要はないと思いますよ。

Chapter 5

形容詞・副詞

おいしい、丸い、どのくらい、
どんなふうに、など
ものごとをより具体的に
表現できるようになります。

第27話 形容詞ってどう使う？

形容詞が名詞のうしろに来ることってある？

Ⓐ **Is there a room available for tonight?**
（今晩空いている部屋はありますか）

Ⓑ **Yes, there certainly is.**
（はい、確かにございます）

形容詞っていうのはいつも名詞の前に来るんだよね？
たとえば、a beautiful flower のように。

確かに多くの場合、**形容詞**は**名詞の前**に来ます。しかし、**形容詞**が**名詞を後ろから修飾する**場合もあります。

えっ？
形容詞が名詞のうしろに来ることもあるのニャ？

はい。会話例のⒶのように、形容詞 available が名詞の room をうしろから修飾している場合がそうです。

> 形容詞には「限定用法」と「叙述用法」の2つの用法があるぞ。

> 限定？
> じょ、叙述？

形容詞って実際どんなもの？

形容詞をひとことでいうと**「名詞や代名詞を修飾する語」**です。
そして、形容詞には**「限定用法」**と**「叙述用法」**の2つの用法があります。

(1) 限定用法　※形容詞を名詞の前後に直接つけます。

①**形容詞を前につけてみよう！**

- Mr. Barrera is a **strict** teacher.
（バレラ先生は厳しい先生です）
- I bought an **expensive** camera.
（私は高価なカメラを買いました）

Expensive camera
（高価なカメラ）

Chapter 5　形容詞・副詞

167

②形容詞を後ろにつけてみよう！

-able・-ible 系
- Do you know any <u>actress</u> **suitable** for the part?
  （その役にうってつけの女優を知っていますか）
- They tried all <u>means</u> **possible**.
  （彼らはあらゆる可能な手段を試みました）

代名詞系
- There is <u>something</u> **mysterious** about the woman.
  （あの女性には何か謎めいたものがあります）
- He is <u>someone</u> **special** to me.
  （彼は私にとって特別な人です）

まとまり系
- I have a friend **crazy** <u>about playing video games</u>.
  （私にはテレビゲームをするのに夢中になっている友達がいます）
- This is a custom **unique** <u>to Japan</u>.
  （これは日本特有の慣習です）

まちがいやすい形容詞
a **responsible** man（頼りになる男）**vs.** the man **responsible**（責任者）
concerned people（心配している人々）**vs.** the people **concerned**（関係者）
present members（現会員）**vs.** the people **present**（出席者）

(2) 叙述用法　※動詞のアシスタント（助手）です。

①主語の補語となる形容詞
- This book is **interesting**.
  （この本は面白いです）
- He became **rich**.
  （彼は金持ちになりました）

②目的語の補語となる形容詞

- You'll find this book very **useful**.
  （この本がとても役に立つことがわかるでしょう）
- I believe him **honest**.
  （私は彼が正直だと信じています）

Exercise

1 次の英語を日本語に訳してください。

① They tried every means imaginable.
② This might be a book useful for your research.
③ She had a huge basket full of tulips.
④ I have nothing particular to say about it.
⑤ The singer sang many songs familiar to us.

解答 1 ① 彼らは考えられる限りのあらゆる手段を試みました。
② これはあなたの研究にとって有益な本かもしれません。
③ 彼女はチューリップが一杯入った大きなかごを持っていました。
④ それについて特に言うべきことは何もありません。
⑤ その歌手は私たちになじみのある歌をたくさん歌いました。

第28話 形容詞の語順

key 形容詞の語順には
一定のルールがある！

おーい、問題だぞ！

Ⓐ **I have a little cute dog.**
（私は小さくてカワイイ犬を飼っています）

Ⓑ **I have a cute little dog.**
（私はカワイイ小さな犬を飼っています）

ⒶとⒷのどっちが正しい文だ？

う～ん。どっちでもいいような気がする。
だって、日本語の訳も意味が通ってるニャ。

正解はⒷのほうだ。**形容詞**は、限定詞→数量→評価→大小→性質→新旧→色彩→固有→材料・物質→名詞の順だ！ たとえば、All these first three beautiful small light old brown French wooden vases.（すべてこれらの最初の3つの美しい小さな軽い古い茶色のフランス製の木製花瓶）だぞ。

そんなの覚えられないニャ…

ナンナンダーが示したように、英語の**形容詞**には**一定の語順**があります。でも、配列を暗記する必要はありません。まちがえたとしても意思は通じるでしょうし、ここで軽くチェックしておけば、英会話には十分です。

形容詞の語順はこうやって考えればよい！

次の例文を見てください。

- She is a **friendly slender** lady.
（彼女は気さくで、スレンダーな女性です）

なぜ friendly が slender の前に置かれているか。
これをまず考えてみましょう。

> friendly はこの文を発した人の主観的な印象だニャ。

> はい。そういう主観的な印象（＝ friendly）は、彼女自身の性質（＝ slender）よりも前に来るというルールなんです。

> 〈話者の主観的な印象〉 ➡ 〈対象の性質〉の順だニャ。

> たくさんの配列を覚える必要はありません。個別に2～3つなど複数の形容詞が出てくる例文を見て、慣れていけば自然と身につきます。形容詞の語順をいくつかの単語例と一緒にまとめておきましょう。

[第28話] 形容詞の語順

① **all, both**
② **限定詞**（the, this, these, my, your など）
　※冠詞、指示形容詞、所有形容詞などのこと
③ **数詞**
　※序数詞 [first, second] は基数詞 [one, two] よりも先！
④ **評価形容詞**（beautiful, elegant, intelligent, lovely など）
　※主観的な印象を表す形容詞のこと
⑤ **大小形容詞**（small, tall）
⑥ **性質形容詞**（heavy, soft）
⑦ **新旧形容詞**（old, young）
⑧ **色彩形容詞**（red, yellow）
⑨ **固有形容詞**（Japanese, Chinese）
⑩ **物質形容詞**（wooden, metal）

上の基本ルールにしたがうと、こうなります。
　これらすべての本　　　➡　all these books
　あの三匹の小さな黒猫　➡　those three little black cats

なぜ基本ルールと言ったのか。それは例外があるからです。
　古くて丸いテーブル　　➡　△ a round old table
　　　　　　　　　　　　　　◯ an old round table

つまり、round table〈形容詞＋名詞〉は２語で１つの固まった概念（＝丸テーブル）を表しているためです。このような場合、table は round との結びつきのほうが、old との結びつきよりも強い。そのため、上の「基本ルール」をそのまま適用することはできないのです。

Exercise

1 次の各文に誤りがあれば、訂正してください。

① I drive a black German car.
② Ted is an ambitious young man.
③ I have old two cameras I no longer use.
④ He gave me these white beautiful flowers.
⑤ Patricia is a tall intellectual woman.

解答 1 ① 誤りなし（私は黒色のドイツ製の自動車に乗っています）
② 誤りなし（テッドは大志を抱いた青年です）
③ old two を two old にする
（私はもう使わない古いカメラを2つ持っています）
④ while beautiful を beautiful white にする
（彼は私にこれらの美しい花をくれました）
⑤ a tall intellectual を an intellectual tall にする
（パトリシアは知的な背の高い女性です）

Chapter 5 形容詞・副詞

第29話 副詞は飾りのスペシャリスト

key 動詞、形容詞、副詞を修飾する！

Ⓐ **Is the new waiter working hard?**

（新しいウェイターは一生懸命に仕事をしている？）

Ⓑ **Yes, he is a very hard worker.**

（うん、彼はとても働き者だよ）

> 副詞さんはおしゃれだニャ。

> どうしてですか？
> 副詞は英語の文の中ではいろんなところに出現するし、骨格ではありませんよ。

> それがいいのニャ。
> 副詞があると、英語が生き生きするニャ。

> いい着眼点ですね。会話例を見てください。
> まず、ⒶのIs the new waiter working hard?の場合、副詞のhardはis working、つまり**動詞を修飾**しています。一方、ⒷのYes, he is a very hard worker.のhardはworkerの前に置かれている形容詞です。副詞はその前のveryで**形容詞のhardを修飾**しているわけです。

> では、副詞は動詞や形容詞を修飾するって覚えておけばいいの？

> いいえ、副詞はさらに他の副詞を修飾することもあるのです。さらに文全体を修飾したり、場合によっては名詞、代名詞、句、節まで修飾したりすることもあります。

副詞が修飾するのはコレだ！

　それぞれの副詞が何を修飾しているか、下線部と矢印の位置に注意して、例文を見てみましょう。

①動詞を修飾する

- She speaks English **fluently**.
  （彼女は英語を流暢に話します）

②形容詞を修飾する

- It was **extremely** hot yesterday.
  （昨日は猛烈に暑かったです）

③他の副詞を修飾する

- The child is playing **very** happily.
  （その子供はとても楽しそうに遊んでいます）

④文全体を修飾する

- **Fortunately**, he didn't get injured.
  （幸い、彼は怪我をしませんでした）

⑤名詞を修飾する

- **Even** a child can do that.
  （子供でもそれくらいできますよ）

⑥代名詞を修飾する

- **Nearly** everybody came to the party.
  （ほとんど誰もがパーティーに来ました）

⑦ 句を修飾する

- She is **right** in the middle of her work.
（彼女は仕事の最中です）

⑧ 節を修飾する

- He skipped class **simply** because he didn't feel like going.
（彼は行く気がしないというだけの理由で授業をサボりました）

Exercise

1 次の各文の下線部の副詞は何を修飾していますか。

① Probably she is over forty.
② Please read this carefully.
③ She is slightly overweight.
④ I guess it was just a rumor.
⑤ I know Betty quite well.

解答 １ ① she is over forty／文全体を修飾（おそらく彼女は40歳を超えているでしょう）
② read／動詞を修飾（これを注意してよく読んでください）
③ overweight／形容詞を修飾（彼女はちょっと太めです）
④ a rumor／名詞を修飾（それは単なる噂だったと思います）
⑤ well／他の副詞を修飾（私はベティーをわりとよく知っています）

Chapter 5 形容詞・副詞

第30話 副詞でわかる「どのくらい」

> 日本語の「たぶん」は英語でどう言うの？

Ⓐ **Are you going to eat out again tonight?**
（今晩も外食するつもりなの？）

Ⓑ **Probably.**
（おそらくね）

「たぶん」って英語で言いたいとき、なんて言いますか？

Maybe しか知らんニャ。

それは50％の確信度だぞ！

50％？

「たぶん」に相当する語は、使う人によって、確信の度合いが異なります。今回は、そうした「程度」「確信度」や「頻度」について確認をしていきたいと思います。

確信の度合いを表す副詞はコレだ！

確信度

	10～30%	30～50%	50%	80～90%	90～95%	95～100%
副詞	possibly	perhaps	maybe	probably	certainly	definitely absolutely
日本語	ひょっとして もしかすると	ことによると 場合によっては	たぶん	おそらく 十中八九	きっと	必ず 絶対に

- **Possibly, he will come here.**【10～30%】

    [＝He will **possibly** come here.]
    (ひょっとしたら彼はここに来るかもしれません)

- **Perhaps, he will come here.**【30～40%】

    [＝He will **perhaps** come here.]
    (ことによると彼はここに来るかもしれません)

- **Maybe, he will come here.**【50%】

    [＝He will **maybe** come here.]
    (彼がここに来るかどうかは半々です)

- **Probably, he will come here.**【80～90%】

    [＝He will **probably** come here.]
    (彼はおそらく［十中八九］来るでしょう)

第30話 副詞でわかる「どのくらい」

- **Certainly**, he will come here. 【90〜95%】
  [＝He will **certainly** come here.]
  （彼はきっと来るでしょう）

- **Definitely**, he will come here. 【95〜100%】
  [＝He will **definitely** come here.]
  （彼は必ず来るでしょう）

Definitely を Absolutely に代えても、ほぼ同じ確信度を示します。

頻度

	0%	20%	40%	50%
副詞	never	seldom rarely	occasionally	sometimes
日本語	決して〜ない 全く〜しない	めったに〜ない ほとんど〜しない	たまに 時たま	時々

	60%	80%	100%
副詞	often frequently	usually normally generally	always
日本語	よく しばしば	普通［普段］は 大抵は	いつも 必ず

　日本語の意味だけを機械的に覚えていると、こういう程度の差をうまく伝えられなくなります。とくに **occasionally** と **sometimes** を全く同じ意味の語と理解してしまう傾向がありますので、注意しましょう。

　実は、ネイティブスピーカーの感覚で言うと、occasionally は sometimes よりももっと頻度の低い副詞なのです。

　ほかにも、5〜10%であれば、「めったに〜ない」「ほとんど〜しない」くらいでしょうから、almost never, hardly ever, scarcely ever など

で表現することができます。また、70％くらいであれば、often よりも頻繁なわけですから、very often という言い方でよいでしょう。90～95％であれば、「ほぼ必ず」くらいでしょうから、almost always と表現すれば OK です。

Exercise

1 【 】を参考にし、各文の（　）に適当な副詞を入れてください。

① He'll （　） call you up tonight.【おそらく＝80～90％】
② It may （　） be true.【もしかして＝10～30％】
③ （　） he is sleeping at home now.【たぶん＝50％】
④ （　） I'll be there.【必ず＝95～100％】
⑤ （　） today will be fine.【もしかすると＝30～50％】

解答　1　① probably（彼はおそらく今夜あなたに電話をするでしょう）
　　　　② possibly（それはもしかして本当かもしれません）
　　　　③ Maybe（たぶん彼は今家で寝ていることでしょう）
　　　　④ Definitely/Absolutely（必ず私はそこに行きます）
　　　　⑤ Perhaps（もしかすると今日は晴れるかもしれません）

第31話 まぎらわしい副詞をすっきり整理

key : very と much の違いは？

Ⓐ **This is a very good movie.**
（これはとてもいい映画だよ）

Ⓑ **You think so? I didn't like it much.**
（君はそう思ったの？　僕はあまり好きじゃなかったなあ）

---

very と much はどっちも副詞だニャ？

そうです。

でも、どっちも「とても～」の意味だニャ？
どうやって使い分ける？

会話例を見てください。まず、Ⓐの This is a **very** good movie. という文を考えてみましょう。very は形容詞 good を修飾しています。

> この very の注目すべき点は、形容詞か副詞しか修飾しない点だぞ。

> 副詞を修飾する例としては、**very** well（とてもよく）がわかりやすいですね。

> ⓑの I don't like it **much**. の注目点はニャに？

> この much は動詞 like を修飾しています。much がこのように単独で用いられるのは、疑問文と否定文の場合だけという点が重要ポイントです。

まぎらわしい副詞をチェック！

① very と much

(A) **very は形容詞・副詞を修飾／much は否定文・疑問文で動詞を修飾**
（ただし、**肯定文**では very much とする）

- I'm **very busy**.
  （私はとても忙しいです）

- I drive **very carefully**.
  （私は注意して運転します）

- I don't like cheese **much**.
  （私はあまりチーズが好きではありません）

> much の前に very をつけても OK だぞ。

183

- Do you see her **much**?
  (彼女とはよく会いますか)

  > この場合も very much として OK だぞ。

- I like coffee **very much**.
  (私はコーヒーが大好きです)

  > この場合は very を省略できないぞ。

(B) **very** は**現在分詞**と**過去分詞**を、**much** は**過去分詞**を修飾

- This is a **very interesting** book.
  (これはとても面白い本です)

- She was **very surprised** at the news.
  (彼女はその知らせにとても驚きました)

- He is **much admired** by young painters.
  (彼は若い画家からとても尊敬されています)

  > very much としても OK だぞ。

(C) **very** は**原級**を、**much** は**比較級・最上級**を修飾
  (➡ 詳しくは第 32 話を参照)

- Joel is **very tall**.
  (ジョエルはとても背が高いです)

- Joel is **much taller** than Fred.
  (ジョエルはフレッドよりもずっと背が高いです)

- Joel is **much the tallest** in his class.
  (ジョエルはクラスの中で飛び抜けて一番背が高いです)

とっくにね！

Have you read the book already?
もう読んだの!?

② already と yet と still

(A) **already**（すでに〜した）は**肯定文**、**yet**（まだ〜していない）は**否定文**で

- I've **already** taken a bath.
  （**もう**お風呂に入りました）

- I haven't taken a bath **yet**.
  （**まだ**お風呂に入っていません）

(B) **疑問文**で**ニュアンス**が異なる

- Have you read the magazine **yet**?
  （その雑誌を**もう**読みましたか）　※単に尋ねている。

- Have you **already** read the magazine?
  （その雑誌を**もう**読んだのですか）　※「早いなあ」と驚いている。

➡　already を**文尾**に回すと、**驚きの気持ち**がさらに強まります。
　Have you read the magazine **already**?
　（その雑誌を**もう**読んだのですか！）

Chapter 5　形容詞・副詞

(C) **still** は**肯定文**、**疑問文**、**否定文**で
- Oh no! It's **still** raining.
  (何てこった！ **まだ**雨が降っているよ)
  ※ still は文脈によっては、いらだち・驚き、心配などのニュアンスを表します。

- Is he **still** taking a shower?
  (彼は**まだ**シャワーをしていますか)

- I **still** don't understand why they got divorced.
  (私は彼らがなぜ離婚したのか**いまだに**わかりません)

③ ago と before

(A) **ago (今から〜前)** は**現在**を基準にして、**過去時制**の中で使う
- I **saw** Helen two weeks **ago**.
  (私は2週間**前に**ヘレンを見ました)

(B) **before (その時から〜前)** は**過去のある時点**を基準にして、**過去完了**形とともに使う
- I told Sam that I **had seen** Helen two weeks **before**.
  (ヘレンを2週間**前に**見た、と私はサムに言いました)
  ➡ 「私はサムにそう言ったときから2週間前にヘレンを見た」

(C) **単独の before (以前に)** は**過去**または**現在完了**で使う
- I **heard** [have heard] of it **before**.
  (私はそのことを**以前に**聞いたことがあります)

形と意味に注意すべき副詞！

(A) hard と hardly
- He works **hard**.
  (彼は**一生懸命に**働きます)

- He **hardly** works.
  (彼は**ほとんど**働きま**せん**)

(B) late と lately
- She came home **late** yesterday.
  (昨日彼女は家に**遅く**帰ってきました)

- I haven't seen her **lately**.
  (**最近**、彼女に会っていません)

(C) near と nearly
- Christmas is drawing **near**.
  (クリスマスが**近**づいてきました)

- The boy was **nearly** run over by a truck.
  (その男の子は**もう少しで** [危うく] トラックにひかれるところでした)

(D) most と mostly
- This article interested me **most**.
  (私はこの記事に**最も**興味を持ちました)

- I **mostly** go to church on Sundays.
  (私は**大抵**日曜には教会に行きます)

(E) close と closely
- Kendrick lives **close** to the station.
  (ケンドリックは駅の**近くに**住んでいます)

- They investigated the matter **closely**.
  (彼らはその問題を**綿密に**調査しました)

(F) high と highly
- The plane is flying **high** in the sky.
  (その飛行機は空**高く**飛んでいます)

- The restaurant is **highly** recommended.
  (そのレストランは**かなり**おすすめです ➡ そのレストランは一押しです)

(G) just と justly
- It's **just** eight o'clock now.
  (今**ちょうど**8時です)

- The offender was **justly** punished.
  (その犯罪者［違反者］は**公正に**罰せられました)

Exercise

1 次の各文の（　）内の語のうち、正しい方を選んでください。

① My father is (yet, still) reading a newspaper.
② It was a (much, very) frightening experience for me.
③ I planted this tree about five years (ago, before).
④ These mangoes are (already, yet) ripe.
⑤ Jim said that he had caught a cold a week (ago, before).

解答 1　① still（父はまだ新聞を読んでいます）
　　　② very（それは私にとってとても恐ろしい経験でした）
　　　③ ago（私はこの木を約5年前に植えました）
　　　④ already（これらのマンゴーはすでに熟しています）
　　　⑤ before（ジムは1週間前に風邪をひいたと言いました）

第32話 比較する英語表現

> 「〜が一番…」の意味を表せるのは最上級だけ？

Ⓐ **What is the highest mountain in the United States?**
（アメリカ合衆国で一番高い山は何ですか）

Ⓑ **It's Denali.
It's much higher than Mt. Fuji.**
（それはデナリです。富士山よりもずっと高いです）

学校で習ったことのある人にとって、比較の表現は結構なじみやすいのではないでしょうか。原級、比較級、最上級の3種類がありましたよね。

んニャ。

でも、実際の会話の場面では、「〜が一番…」と言いたいとき、とくに最上級を使わなくても、原級や比較級で同じ内容のことを表すことができるのです。

えっ？　本当？
どうやって？

ではまず、「富士山は日本で一番高い山です」という日本語を英語にできますか？

えっ〜と、
　Mt. Fuji is **the highest** mountain in Japan.
で、どうニャ？

正解です。
最上級を使っていただきました。これを比較級にして、
　Mt. Fuji is **higher than** any other mountain in Japan.
と言ってもいいですよ。

ニャるほど。
ほかのどの山よりも高いってわけだニャ。

さらに主語を変えて、
　No (other) mountain in Japan is **higher than** Mt. Fuji.
もよく使う比較級で一番を伝える方法です。

じゃあ、原級を使った場合はどうなるニャ？

その場合は、
　No (other) mountain in Japan is **as high as** Mt. Fuji.　となります。

第32話 比較する英語表現

🐱 おお〜。

😼 ちなみに富士山は 3,776 m だが、アラスカのデナリは 6,000m 以上あるぞ。
　　Denali is **much** higher than Mr. Fuji.

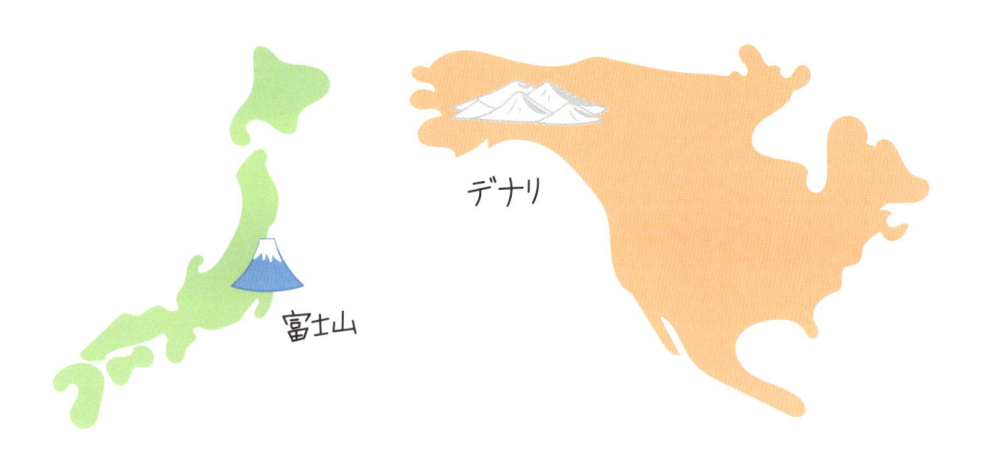

富士山

デナリ

形容詞・副詞は「性質・状態・程度」を比較できる！

(1) 原級による比較表現

① as 〜 as ...（…と同じくらい〜）

- Chris is **as tall as** I am.
  （クリスは私と同じくらいの背の高さです）

> 日常会話では、Chris is as tall as **me**. と言う方が多いぞ。

② not as/so 〜 as ...（…ほど〜ではない）

- Denmark is **not as [so] large as** Sweden.
  （デンマークはスウェーデンほど大きくありません）［形容詞］

> 日常会話では〈not as 〜 as ...〉の方が〈not so 〜 as ...〉よりもよく使われるぞ。

(2) 比較級による比較表現

比較級 + than ...（…よりも〜）

- Esther is **younger than** Robin.
  （エスターはロビンよりも年下です）

- Jodie is **more cheerful than** her younger sister.
  （ジョディーは妹よりも陽気です）

（3）最上級による比較表現
the ＋ 最上級（3者以上のうちで最も〜、一番〜）

- Charles is **the tallest** of the three.
  （チャールズは3人の中で一番背が高いです）

- Seth is **the most popular** in his class.
  （セスはクラスで最も人気があります）

Exercise

1 次の各文の（　）内の語のうち、正しい方を選んでください。

① My car is much (older, oldest) than yours.
② Amy swims as (fast, faster) as Bruce does.
③ Osaka is the second (larger, largest) city in Japan.
④ Lake Biwa is larger than any other (lake, lakes) in Japan.
⑤ Bill is the (taller, tallest) boy in the class.

解答　1　① older（私の車はあなたのよりもずっと古いです）
② fast（エイミーはブルースと同じくらい速く泳ぎます）
③ largest（大阪は日本で2番目に大きい都市です）
　　※各種統計データの見方によっては、Yokohama is ～ともなり得ます。
④ lake（琵琶湖は日本の他のどんな湖よりも大きいです）
⑤ tallest（クラスではビルが一番背が高いです）

Coffee Break

英文法では、1＋1は2にならない？

🐷 ネイティブスピーカーは、いつも文法ルールを守ってるのかニャ？

👨 ほとんどの場合、守っていますよ。でも、英語だって日本語だって、人間が使う言葉ですから、例外は必ずあります。

😼 There is no rule without an exception. とよく言うぞ！

👨 「例外のない規則はない」という意味ですね。たとえば、Mary left a message for you and I.（メアリーはあなたと私のためにメッセージを残しました）の文では、本来 for の後には目的格が来るわけですから、for you and me とするのが文法的ですね。ところが、実際には for you and I と言うネイティブスピーカーは結構いるんです。

🐷 そういえば、"Song for You and I" という曲名の歌もあったニャ。

👨 例外は、もちろん日本語にだってありますよ。「ぜんぜん」という言葉は、本来あとに打ち消しの言い方を伴って、「ぜんぜん〜ない」と使います。でも、今では多くの人が平気で「ぜんぜん元気で〜す」なんて言ってますよね。

Chapter 6

疑問詞・関係詞

間接疑問文の作り方と、
2つの文を1つの文に変身させる
関係詞について学びます。

第33話 文の中の疑問文

> **key** 間接疑問文は〈S＋V〉という語順になる！

Ⓐ **Do you know who she(S) is(V)?**
（彼女が誰か知っていますか）

Ⓑ **Yes, sh's Sarah's mother.**
（ええ、彼女はサラのお母さんですよ）

さて、Who is(V) he(S)?（彼は誰ですか）という疑問文はよくご存じかと思いますが、それが会話例のⒶのように、文の一部にはめ込まれるときは、少し注意が必要です。

---

who she(S) is(V) と語順がちがうニャ。

はい、語順が〈S＋V〉になる点に注意です。

疑問詞でわからないことを何でも質問できる！

疑問詞は大きく分けると、次のように 2 つに分かれます。

① who, what, which　　これを**疑問代名詞**というぞ。

② when, where, why, how　　こっちは**疑問副詞**だぞ。

文の頭に疑問詞が来るパターンはおなじみですが、ここでは文の一部にはめ込むパターン **(関係疑問文)** をチェックしましょう。

ふつうの文	疑問文
I don't know. （私はわかりません）	Ⓥ Ⓢ Where is he? （彼はどこにいますか）

合体させると、

➡　● I don't know where he is.
　　　　　　　　　　Ⓢ Ⓥ
　　（私は彼がどこにいるのかわかりません）

ただし、**疑問詞そのものが主語の働きをする疑問文**の場合は、初めから〈**S＋V**〉という平叙文と同じ語順になっています。

I don't know. （私は知りません）	Ⓢ　　　Ⓥ Who will come to the party? （誰がパーティーに来る予定ですか）

合体させると、

➡　● I don't know who will come to the party.
　　　　　　　　　　　Ⓢ　　　Ⓥ
　　（私は誰がパーティーに来る予定なのか知りません）

[第33話] 文の中の疑問文

　間接疑問文は、名詞の節（かたまり）となって、それ自体が**「主語」「補語」「目的語」**の働きをします。

- Where he went is not known.
  　　主語
  （彼がどこへ行ったかはわかっていません）

- The question is how we will finish the work in a day.
  　　　　　　　　　　　補語
  （問題は、どうやってその仕事を1日で終えるかということです）

- I don't know where the station is.
  　　　　　　　目的語
  （駅がどこにあるのかわかりません）

Exercise

1 次の疑問文を、（　）の書き出しに続く間接疑問文にしてください。

① Whose book is this? (Do you know ...)
② When is she going to leave? (I don't know ...)
③ Where is the post office? (Could you tell me ...)
④ Which movie was more interesting? (Tell me ...)
⑤ How long will this situation last? (The problem is ...)

解答 **1** ① Do you know whose book this is?
（これは誰の本かわかりますか）
② I don't know when she is going to leave.
（彼女がいつ出発するかは知りません）
③ Could you tell me where the post office is?
（郵便局はどこにあるか教えていただけますか）
④ Tell me which movie was more interesting.
（どちらの映画の方が面白かったか教えて）
⑤ The problem is how long this situation will last.
（問題はこの状況がどのくらい続くかということです）

第34話 think、suppose、imagineなどの間接疑問文

key 疑問詞の位置が移動することってあるの？

○ Ⓐ **Do you know who he is?**

× Ⓑ **Do you think who he is?**

上の2つの文を見比べてください。

ニャ？
Ⓑのどこがいけないのかニャ？

Do you **know** who he is? というⒶの文は「彼が誰だか知っていますか」という意味ですね。これは「知っているかどうか」を尋ねる **Yes/No疑問文**で、相手の人はYes/Noで答えられます。でも、Ⓑは「彼は誰だと思いますか」という質問です。

Yes/No では答えられないニャ。

そのとおりです！ そういう場合は、疑問詞を文頭に出して、〈疑問詞 + do you think ...?〉という形にする必要があるんです。だから、Ⓑは正しくは、

- Who do you **think** he is?
  （彼は誰だと思いますか）

としなければなりません。
　こういうタイプ、つまり YES/NO で答えるものではない疑問文を作る動詞には、**think**（思う）、**suppose**（思う）、**guess**（思う）、**believe**（信じる）、**imagine**（想像する）、**expect**（期待する）など、たくさんあります。

比較して、頭を整理しよう！

- (A) Do you know **what** it is? — **Yes**, I do.
  　　　　　　　　　　↑**中にはめ込む疑問詞には YES/NO**
  （それが何かわかりますか — はい、わかります）

- (B) **What** do you think it is? — I think **it's a durian**.
  　　　　　　　　　　↑**What だから具体名で答えている**
  （それは何だと思いますか — それはドリアンだと思います）

(A) のタイプの疑問文を作る動詞

know（知っている）
hear（聞いている）
understand（理解する）
see（わかる）
tell（教える）
remember（覚えている）
explain（説明する）　など

(B) のタイプの疑問文を作る動詞

think（思う）
suppose（思う）
guess（思う）
believe（信じる）
hope（望む）
expect（期待する）
say（言う）
imagine（想像する）　など

Exercise

1 次の日本語を間接疑問文を用いて、英訳してください。

① 今何時かわかりますか。
② ジェニーはいつ来ると思いますか。
③ トイレはどこにあるか教えていただけますか。
④ 彼女が昨日言ったことを覚えていますか。
⑤ 昨日私は図書館で誰に会ったと思いますか。

解答 1 ① Do you know what time it is?
② When do you think [suppose] Jenny will come?
③ Could you tell me where the bathroom [restroom] is?
　※一般的に、bathroom は「家のトイレ」、restroom は「レストラン・デパート・駅などのトイレ」のことを言います。
④ Do you remember what she said yesterday?
⑤ Who do you think I met in the library yesterday?

第35話 短い英文どうしをくっつけてくれる架け橋

> **key** 関係代名詞は〈接続詞＋代名詞〉の働きをする！

Ⓐ **Did you do anything special over the weekend?**
（週末に何か特別なことをしたの？）

Ⓑ **Well, I went to see a movie called "Heaven is for Real", which was very interesting.**
（そうねえ、「天国はほんとうにある」という映画を見に行ったんだけど、とても面白かったわよ）

会話例のⒷでは、whichで文をくっつけていますね。これを**関係詞**と呼びます。

長い文だニャ。

いえ、実はこれでも短くしているんですよ。関係詞を使わなければ、長い文が2つ必要になりますから。

そういえば、そうだニャ。"Heaven is for Real" という映画名を2回言わなくちゃならないニャ。でも、which の前のコンマは何ニャ？

先行詞について、追加的なコメントを言ってるんだぞ。

先行詞というのは、次の青色の部分です。全部書きだしてみると、構造が分かります。
　Well, I went to see **a movie called "Heaven is for Real", which was very interesting**.

上の赤色の部分は意味的に次のように言いかえることができますね。
　, and it was very interesting.

だからコンマを入れるのだニャ！

一方、コンマのないパターンもあります。

「制限用法」というんだぞ。

例をあげると、

- The church **which [that]** stands on that hill is very beautiful.
(あの丘に建っている教会は、とても美しいです)

この文の関係代名詞 **which（または that）**は、**先行詞**を**限定的に修飾**しています。この文の場合は、限定つまり、制限するため、コンマは不要です。

繰り返しを避け、2文を1文にしてくれるのが関係詞！

(1) 関係代名詞　※〈接続詞＋代名詞〉の働きをする語

- (A) That's **the student**. **He** was accepted into Harvard University.
(あれがその生徒です。彼はハーバード大学に合格しました)
- (B) That's **the student who [that]** was accepted into Harvard University.
(あれがハーバード大学に合格した生徒です)

> (B)のwho（またはthat）はHeの代わりにwas acceptedの主語の役割をすると同時に、(A)の2つの文を1つに結びつけています。この **who（またはthat）**が**「関係代名詞」**と呼ばれる語です。そして、関係代名詞によって修飾される名詞（＝the student）のことを**「先行詞」**と呼びます。

先行詞	主格	所有格	目的格
人	who/that	whose	who(m)/that
人以外（物）	which/that	whose/of which	which/that
先行詞を含む	what	------	what

①主語の関係詞化

(A) 先行詞が「人」の場合

whoを使うことが多いぞ。

- I have **a friend** **who** **[that]** can speak six languages.
 （私には6カ国語を話せる友達がいます）

(B) 先行詞が「人以外＝物」の場合

thatを使うことが多いぞ。

- They live in **a house** **which** **[that]** has a brown roof.
 （彼らは茶色の屋根をした家に住んでいます）

②目的語の関係詞化

(A) 先行詞が「人」の場合

実際の会話ではwhomよりもwhoを使うことが多いぞ。whomは書き言葉や堅いスピーチなどだ。

- That is **the man** **who(m)** **[that]** Kate is going to marry.
 （あの人がケイトが結婚する男性です）

(B) 先行詞が「人以外＝物」の場合

thatを使うことが多いぞ。省略されることも多いがな。

- **The sports car** **which** **[that]** you see over there is mine.
 [= The sports car you see over there is mine.]
 （あそこに見えるスポーツカーは私のです）

③所有格の関係詞化

(A) 先行詞が「人」の場合

> whose を用いるぞ。

- Is that **the girl whose** father is a Nobel Prize winner?
  (あれがノーベル賞受賞者を父親に持つ女の子ですか)

(B) 先行詞が「人以外＝物」の場合

> whose を使うことが多いぞ。of which はかなり形式張った言い方で、会話の中で使われることはまずないぞ。

- Mr. and Mrs. Miller bought **a cottage whose** sides were painted black.
  [= Mr. and Mrs. Miller bought **a cottage** the sides **of which** were painted black.]
  (ミラー夫妻は壁板が黒く塗られている小別荘を購入しました)

④ what の用法

> 主語、目的語、補語として用いるぞ。

- **What** I know about Vince is that he is just a liar.
  (私がヴィンスについて知っていることは、彼はただの嘘つきだということです) ［主語］

- I don't believe **what** they said.
  (私は彼らが言ったことは信じません) ［目的語］

- This is exactly **what** I have wanted for a long time.
  (これはまさに私が長い間欲しかったものです) ［補語］

コンマをつけるか、つけないか！

(2) 関係代名詞の2用法：「制限用法(せいげんようほう)」と「非制限用法(ひせいげんようほう)」

次の2つの例文を比較してみましょう。コンマがあるのとないのとで、どのような意味の違いがあるのでしょうか。

- (A) He has two sons **who** are doctors.
 （彼には、医師である息子が2人います）
- (B) He has two sons**, who** are doctors.
 （彼には息子が2人いて、彼らは医師です）

(A) は、ひょっとすると彼には他にも息子がいるかもしれません。一方、(B) は、彼には息子は2人しかいないことになります。

> (A)のように先行詞の意味を限定する用法を「**制限用法**」（限定用法とも言う）と呼ぶぞ。

> (B)のように先行詞について追加的・補足的な説明をする用法を「**非制限用法**」（非限定用法や継続用法とも言う）と呼ぶぞ。

(B) のような**非制限用法**は、通例〈接続詞＋代名詞〉に置き換えて考えることが可能で、この場合は、He has two sons, and they are doctors. ということになります。

非制限用法の例を、もう1つ！

- Josh said he didn't use my computer**, which** was a big lie.
 （ジョシュは私のコンピュータを使っていないと言いましたが、それは大嘘でした）

ここでのwhichは、前の内容全体（Josh said he didn't use my computer) を先行詞としています。**非制限用法の which** にはこのように**前の節**だけでなく、場合によっては**前の語あるいは句**を**先行詞**にすることもあるので、そのつど何を先行詞としているのか、コンマの前後の意味を考えて判断する必要があります。

　話し言葉では、非制限用法のコンマ自体は見えない (聞こえない) ので、非制限用法を使用する際、話し手にはとくに注意すべきことがあります。それは、**コンマの後に少しポーズを入れて話す**ということです。そうすることで、話し手の発信するメッセージは聞き手に正しく伝わり、誤解を防ぐことができるのです。

　さて、多くの文法書には「**関係代名詞 that** が**非制限用法**で用いられることはない」と書かれています。確かに、通常はそれが普通なのですが、先行詞が無生物である場合には、新聞・雑誌記事にも、また小説にも、that が非制限用法で用いられているのをときどき目にすることがあります。文法というのは、まさに生き物のようなものですから、「文法＝規則」には必ず例外が存在するのです。

Exercise

1 次の各文の（　）内の語のうち、正しい方を選んでください。

① The girl (whom, which) I often play tennis with lives next door.
② Justin lost the watch (which, who) he had bought just a week before.
③ I have a friend (whose, which) father is a world-renowned pianist.
④ This is the house (that, whose) the governor used to live in.
⑤ I owe (that, what) I am today to my parents.

解答　1　① whom（私とよく一緒にテニスをする女の子は隣に住んでいます）
　　　　　　※ whom の代わりに、who や that を使うこともできます。
　　　　② which（ジャスティンはほんの1週間前に買った時計をなくしてしまいました）
　　　　　　※ which の代わりに、that を使うこともできます。
　　　　③ whose（私にはお父さんが世界的に有名なピアニストである友達がいます）
　　　　④ that（これは知事がかつて住んでいた家です）
　　　　　　※ that の代わりに、which を使うこともできます。
　　　　⑤ what（今日の私があるのは両親のおかげです）

第36話 場所・時・人・理由は関係副詞でくっつける

key 関係副詞は〈接続詞＋副詞〉の働きをする！

関係詞のつづきですが、今回は**関係副詞**をチェックしていきましょう。

関係代名詞とはちがうのかニャ？

関係副詞とあるとおり、代名詞の役目ではなく、副詞の役目があります。2つの文をつなぐわけですが、正確には〈接続詞＋副詞〉の働きをします。場所や時、理由などを表す名詞を修飾するために用いられます。

先行詞	場所を表す語	時を表す語	reason(s)	なし
関係副詞	where	when	why	how

※関係副詞のwhereは省略できませんが、whenとwhyは省略することができます。

関係副詞は超（ちょう）使える！

① 〈場所〉を表す語が先行詞　※where でつなげます。
- That's **the Italian restaurant where** we had dinner last week.
  （あそこは私たちが先週夕食を取ったイタリア料理のレストランです）

② 〈時〉を表す語が先行詞　※when でつなげます。
- I still remember **the day when** I first met you.
  （あなたと初めて会った日のことを今でも覚えています）

> when は省略してもOKです。

③ 先行詞が〈reason(s)〉の場合　※why でつなげます。
- That's **the reason why** he quit school.
  （それが彼が退学した理由です）

> why は省略してもOKです。

❗先行詞の the reason を省略して、次のように言うこともできます。
→　That's **why** he quit school.
　　（そういうわけで、彼は退学しました）

④ 先行詞なしの場合
※how は「〜するやり方［方法］」という意味の関係詞節を作ります。
- That's **how** we got to know each other.
  （そのようにして、私たちは知り合いました）

> ● イディオムとして覚えておけば使いやすい ●
>
> **That's why ~**（だから~）
>
> **That's how ~ ＝ That's the way ~**（そのようにして~）

コンマをつけるパターンもある！

　関係代名詞と同じように、関係副詞の使い方にも２つのタイプがあります。
①**コンマをつけない**
②**コンマをつける（where と when だけ）**

	意味
● **, where**（＝ **and there** ~）	そしてそこで~
● **, when**（＝ **and then** ~）	そしてそれから~
（＝ **at that time** ~）	そしてそのとき~

- I went to the zoo**, where** I lost my wallet.
  （私は動物園に行き、**そこで**財布をなくしました）
- Joanna got up at seven**, when** she took a shower.
  （ジョアナは７時に起きて、**それから**シャワーを浴びました）

　関係副詞の場合もコンマをつけると、「そして~」と先に言った言葉に次の言葉をつなげることができるのです。

最後に、-everをつける「複合関係詞」も見ておきましょう。

「誰でも」「どこでも」「どちらでも」のような、対象を絞り込まないときに使いやすいぞ。

(1) whoever, who(m)ever, whichever, whatever
（複合関係代名詞）

- **Whoever** wants to join our club will be welcome.
 （私たちのクラブに入会したい**人は誰でも**歓迎します）

- You can invite **whoever** you like.
 （**誰でも**好きな**人を**招待していいです）

- Please choose **whichever** you like.
 （**どちらでも／どれでも**好きなものを選んでください）

- **Whichever** you choose, the result will be the same.
 （あなたが**どちらを**選ぼう**とも**、結果は同じことでしょう）

- She will believe **whatever** you say.
 （彼女はあなたの言う**ことなら何でも**信じるでしょう）

- **Whatever** happens, I will always love you.
 （**何が**起ころう**とも**、私はあなたを愛しつづけます）

(2) whenever, wherever, however
（複合関係副詞）

- Please come and see me **whenever** it is convenient for you.
 （都合のよい**ときにいつでも**遊びに来てください）

- **Whenever** you come, we are glad to see you.
  (**いついらっしゃっても**、私たちは喜んでお目にかかります）

- The little boy tags along **wherever** his mother goes.
  (その小さな坊やはお母さんの行く**ところならどこにでも**ついて行きます）

- **Wherever** you go, I'll keep you in my prayers.
  (あなたが**どこへ**行こう**とも**、あなたのためにお祈りします）

- **However** long it takes, I will get the work done.
  (**どんなに**時間が**かかっても**、私はその仕事をやり遂げます）

Exercise

1 次の各文の(　　)内の語のうち、正しい方を選んでください。

① This is the house (that, where) William Shakespeare used to live.
② (Whatever, Whoever) decision you make is fine with me.
③ (Whoever, Whenever) leaves this room last should turn off the light.
④ I was just about to go out, (where, when) the telephone began to ring.
⑤ (However, Whichever) train you choose, you'll arrive in the heart of the city.

解答　**1**　① where（これは、ウィリアム・シェイクスピアがかつて住んでいた家です）
※ where の代わりに、in which を使うこともできます。
② Whatever（あなたがどのような決定をしても私は構いません）
③ Whoever（この部屋を最後に出る人は誰でも明かりを消さなければなりません）
④ when（私がちょうど出かけようとしていると、電話が鳴り出しました）
⑤ Whichever（どちらの列車に乗っても、市の中心部に行けます）

Coffee Break

英文法は「文」の中で理解する！

🐱 between は二者間、among は三者間に使うんだニャ？

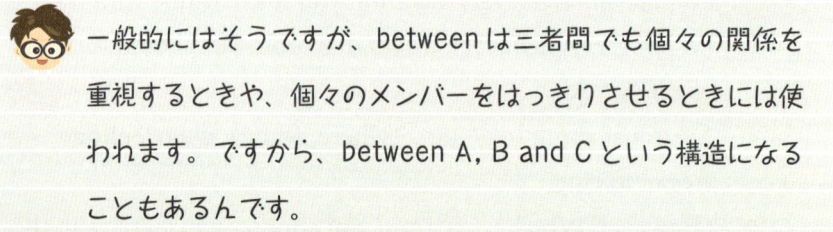

👨 一般的にはそうですが、between は三者間でも個々の関係を重視するときや、個々のメンバーをはっきりさせるときには使われます。ですから、between A, B and C という構造になることもあるんです。

🐷 三者間で使う between の具体例をあげてほしいニャ。

👨 いいですよ。
たとえば、I still don't see a difference between Tim, Steven, and Matthew because they look alike.（私はティムとスティーブンとマシューの違いがまだよくわかりません、と言うのは彼らがよく似ているからです）のような文です。

🐱 「ここだけの話だが」という場合も、between you and me だけでなく、between you, me and the gatepost [bedpost] と言うぞ！

👨 そうですね。英文法はそれぞれのルールをそのまま丸暗記するのではなく、「文」の中で 1 つ 1 つ確かめながら理解した上でマスターしていくことが大切なんです。

Chapter 7

不定詞・動名詞・分詞

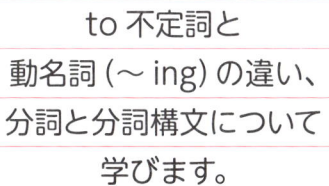

to 不定詞と
動名詞（〜ing）の違い、
分詞と分詞構文について
学びます。

第37話 to不定詞のなぞを解く！

key 動詞が名詞・形容詞・副詞っぽくなる！

Ⓐ **Could you give me something to drink?**
（何か飲み物をいただけますか）

Ⓑ **Of course. Here you are.**
（もちろんですとも。さあ、どうぞ）

不定詞という言葉を聞いたことはありますか？

あるにはあるニャ。でも、さっぱりニャ…

不定＝定まっていない。つまり、何からも影響を受けず、何にでもなれるという意味合いがあります。まずここを押さえてください。
主語がHeやSheでもto不定詞のあとの動詞には三人称のsをつけませんし、過去や未来の話であっても、動詞は原形のままです。

222

たとえば、会話例のⒶのように、something **to drink** の drink という**動詞**を **to 不定詞**にすることで**形容詞**として使うことができます。ここでは「**飲むための**何か」という形容詞っぽい意味になっていますね。

 to ＋ 動詞 ➡ 何にでもなれる (不定)
 to ＋ drink ＝ 形容詞っぽくなる

っぽくなるんだニャ。
ところで、前置詞の to とはちがうのかニャ？

前置詞の to は go to school のように to の先には行き先となる名詞が来ます。でも、不定詞の to は動詞を名詞や形容詞や副詞っぽくする場合に使うので、to のあとには動詞の原形が来ます。

不定詞には **to 不定詞**と**原形不定詞**の 2 つがあるぞ！

to 不定詞で動詞を名詞・形容詞・副詞っぽく！

それでは **to 不定詞**の使い方を見ていきましょう。

(1) 名詞っぽくなる
①主語として
- **To know** is one thing, and **to teach** is another.
 （知っていることと教えることは別物です）

② 目的語として
- I **want to go** to New Zealand.
（私はニュージーランドに行きたいです）

- Don't be **afraid to tell** the truth.
（思い切って本当のことを言いなさい）

③ 補語として
- His job is **to operate** communications equipment.
（彼の仕事は通信装置を操作することです）

（2）形容詞っぽくなる
- I need **someone to help** me with my homework.
（私には宿題を助けてくれる人が必要です）

- He has **a lot of homework to do** today.
（彼には今日やらなければならない宿題がたくさんあります）

- Susan **seems to be** very happy.
（スーザンはとても幸せそうです）

- Your answer **appears to be** wrong.
（あなたの答えはまちがっているように見えます）

（3）副詞っぽくなる

①目的：「〜するために、〜するように」

- She **went** to Germany **to study** music.
（彼女は音楽を勉強するためにドイツに行きました）

- They **hurried** to the station **to catch** the last train.
（彼らは終電に乗るために駅に急ぎました）

②結果：「〜した結果〜」

- Their son **grew up to be** a famous architect.
（彼らの息子は大きくなって有名な建築家になりました）

③原因：「〜して」

- I'm glad **to see** you again.
（あなたにまたお目にかかれてうれしいです）

④判断の根拠：「〜するなんて、〜するとは」

- He must be crazy **to do** such a thing.
（そんなことをするなんて、彼はどうかしているにちがいありません）

⑤条件：「〜すれば、〜すると」

- **To hear** her speak English, you would take her for an American.
（彼女が英語を話すのを聞けば、あなたは彼女がアメリカ人だと思うでしょう）

Chapter 7 不定詞・動名詞・分詞

Exercise

1 次の各文を不定詞を用いて書き換えてください。

① Travis has decided that he will study in Mexico.
② Keith pretended that he was ill.
③ It is necessary that you should study hard.
④ Our teacher expected that we all would get along well.
⑤ Shirley went to Africa, and never returned.

解答 1 ① Travis has decided to study in Mexico.
　　　（トラヴィスはメキシコに留学することに決めました）
② Keith pretended to be ill.（キースは病気のふりをしました）
③ It is necessary for you to study hard.
　　　（あなたは熱心に勉強する必要があります）
④ Our teacher expected us all to get along well.
　　　（私たちの先生は私たち皆が仲良くすることを期待しました）
⑤ Shirley went to Africa, never to return.
　　　（シャーリーはアフリカに行ったまま、二度と戻ってきませんでした）

Chapter 7

不定詞・動名詞・分詞

「toをつけると、表現の幅がぐんと広がるニャ」

第38話 原形不定詞ってナンなの？

key　原形不定詞とは、toのない不定詞のこと！

原形不定詞も他から影響を受けない点では**to不定詞**と同じですが、**常に動詞**として用いられ、名詞・形容詞・副詞の働きはしません。また、三人称単数のsもつかなければ、過去・未来の話に左右されることもありません。その名のとおり、**「原形」**を貫きます。

かっこいい響きだニャ。

ありのままの
おいらをみろ！

原形を貫き通す精鋭たちを紹介します！

① 助動詞のうしろ

- He **didn't come** yesterday.
  （昨日彼は来ませんでした）

- We **will get** married next month.
  （私たちは来月結婚します）

- You **can park** your car here.
  （ここに自動車を駐車してもいいですよ）

② 使役動詞の目的語のうしろ

make（強制的に〜させる）

- The employer **made** his workers **work** late almost every day.
  （その雇用主は毎日のように労働者に残業をさせました）

let（したいように〜させる、〜することを許す）

- Gary's parents didn't **let** him **drive** their new car.
  （ゲリーの両親は彼に新車を運転させてくれませんでした）

have（〜させる／〜してもらう）

- I'll **have** her **call** you back later.
  （後ほど彼女に折り返し電話させます）

> have は make よりも弱い強制の意味を表します。

get（努力をして・説得をして）～させる／～してもらう）

- They couldn't **get** him **to sign** the contract.
  （彼らは彼に契約書にサインさせることができなった）

> get は目的語のうしろに to 不定詞が来ることに注意！

- I **got** my friend **to take** me to the airport.
  （私は友達に空港に連れて行ってもらいました）

③知覚動詞の目的語のうしろ

> 知覚動詞とは、目や耳などの感覚から情報を得る動詞のことだぞ！
> hear（聞く）、see（見る）、watch（見る）、feel（感じる）、notice（気づく）など

- I **saw** a deer **cross** the street.
  （私はシカが通りを横切るのを見ました）

- I **noticed** a young man **enter** the building.
  （私は一人の若者がその建物の中に入って行くのに気がつきました）

- I **felt** someone **touch** me.
  （誰かが私に触れたような気がしました）

Exercise

1 次の各文に誤りがあれば、訂正してください。

① Greg should (arrive, arrives) by ten o'clock, I think.
② My brother let me (use, to use) his car.
③ I'll have him (repair, repaired) my motorcycle.
④ My mother often makes me (do, to do) some housework.
⑤ I heard someone (call, called) my name.

解答 1　① arrive（グレッグは10時までには到着することと思います）
　　　② use（兄は私に彼の車を使わせてくれました）
　　　③ repair（私は彼にオートバイを修理してもらうつもりです）
　　　④ do（母はよく私に家事をさせます）
　　　⑤ call（私は誰かが私の名前を呼ぶのが聞こえました）

第39話 不定詞の意味上の主語

key 人の性質を表す形容詞にはofが使われる！

Ⓐ **You look great in that dress.**
（そのドレス似合ってるね）

Ⓑ **Really? It's very sweet of you to say that. Thank you.**
（本当？ そう言ってくれるなんて、あなたとても優しいわね。ありがとう）

さて、不定詞の基本がつかめたところで、今度はもう一歩進んで応用です。不定詞における意味上の主語について考えてみましょう。

意味上の？

はい。不定詞は文法上の主語を持ちませんが、必ず**意味上の主語**を持っています。意味上の主語は、文中に明示されることもあれば、明示されないこともあります。**「形式主語」の it** で始まる文を見ると、分かりやすいですよ。

(1) 意味上の主語を明示しない場合
- It is dangerous **to swim** in this river.
（この川で泳ぐことは危険です）

この文では不定詞の意味上の主語が省略されています。つまり、「この川で泳ぐことが危険である」のは、誰にとっても当てはまる内容だからです。

(2) 意味上の主語を〈for + 人〉で明示する場合
- It is dangerous **for children** to swim in this river.
（子供たちにとってこの川で泳ぐことは危険です）

この文では for children で、不定詞 to swim の意味上の主語を明示しています。大人であればこの川で泳いでもよいのかもしれませんが、少なくとも「子供」はこの川で泳がないほうがよいと警告をしているわけです。

(3) 意味上の主語を〈of + 人〉で明示する場合

- It's very kind **of you** to say so.
  (親切にもそう言ってくださって、ありがとうございます)

　ある人の行為を「判断の根拠」として、その人の性質や特徴を主観的に評価する場合、不定詞の意味上の主語は〈of + 人〉で表します。

You are very kind to say so.
と言いかえもできるぞ。

---

kind のほかにも、**「人の性質を表す」形容詞**として主なものをまとめておきましょう。

　brave（勇敢な）
　careless（不注意な）
　considerate（思いやりがある）
　generous（気前がよい）
　good / **kind** / **nice** / **sweet**（親切な、優しい）
　polite（礼儀正しい）
　rude / **impolite**（無礼な）
　stupid / **foolish**（愚かな）
　wise / **smart**（賢明な）

Exercise

1 次の各文の（　）に for か of のどちらかを入れてください。

① It is wise (   ) to keep quiet about that.
② It's hard (   ) me to use this computer software.
③ It was nice (   ) you to visit me.
④ It must be impossible (   ) you to get there before noon.
⑤ Is it possible (   ) you to come to the party?

解答　1　① of
　　　　　（あなたはそれについては黙っておくのが賢明です）
　　　② for
　　　　　（このコンピュータソフトウェアを使うことは、私にとって難しいです）
　　　③ of
　　　　　（私を訪ねてくださってよかったです／私を訪ねてくださってありがとうございました）
　　　④ for
　　　　　（あなたが正午前にそこに着くことは、不可能に違いありません）
　　　⑤ for
　　　　　（あなたはパーティーに来ることができますか）

第40話 動名詞って動詞が名詞になったもの？

🔑key 動詞生まれの、名詞育ち！

Ⓐ **I've just finished reading this book.**
（この本をやっと読み終えたよ）

Ⓑ **Oh, you have? I enjoyed reading it too.**
（あら、そうなの？ 私もその本をとても楽しく読んだわ）

不定詞の次は、**動名詞**を見てみましょう。

動詞と名詞がくっついた名前だニャ。

はい、具体的には ～ing となる形で、よく見かけるのではないでしょうか。動名詞は、もともとは動詞でした。その動詞に ing をつけて名詞化させたとイメージしてください。

> ふつうの名詞となにがちがうニャ？

動詞といえば動いていますよね。会話例のⒶとⒷにもreadingとあります。このreadingが動名詞で、もとのread（読む）という**動詞の名詞化**なのです。すると…

> 「読むこと」という意味ニャ。

はい、finished reading で「読むことを終えた＝読み終えた」、enjoyed reading で「読むことを楽しんだ＝楽しく読んだ」となります。つまり、ふつうの名詞であればbook（本）という**形状的なもの**を言いますが、reading（読むこと）は**動作的なもの**を表すことができるのです。

> 動名詞をとるものはだいたい決まってるぞ！

会話例の finish と enjoy はどちらも 〜ing のついた動名詞をとっています。
このように動名詞だけをとる動詞がいくつかあるので、ご紹介します。

　　mind　　enjoy　　give up
　　avoid　　finish　　escape
　　put off（= postpone）　　stop

第40話　動名詞って動詞が名詞になったもの？

頭文字を並べて MEGAFEPS（メガフェプス）と覚えることもあるぞ！　上級者は **deny/admit/imagine/consider** を加えて、MEGAFEPSDAICON（メガフェプス・ダイコン）と覚えているぞ。

動名詞をとる動詞がある一方で、第 37 話で学んだ不定詞をとる動詞というのもあり、さらに両方を取る動詞もあります。

- ①My father has finally **stopped smoking**.
  （父がついにタバコをやめました）
- ②My father was rowing a boat for a while and **stopped to smoke**.
  （父がボートを漕ぐのをやめて一服しました）

①は「私の父はついに喫煙をやめました」で、②は「私の父はしばらくボートを漕いでいましたが、タバコを吸うために立ち止まりました」かニャ？

①は正解、②がちがうぞ！

②は「ボートを漕ぐのをやめて一服した」というのが正解です。〈stop + to不定詞〉は**「これまでやってきたことをやめて〜する」**という意味なのです。

238

動名詞と不定詞はライバル関係？

(1) 動名詞の2つの性質
動名詞には、「**名詞的な性質**」と「**動詞的な性質**」の2つがあります。

(A) 動名詞の名詞的性質
①主語になる
- **Being** a parent is a huge responsibility.
（親であることは大きな責任です⇒親には重大な責任が伴います）

②目的語になる
- They enjoyed **playing** soccer after school.
（彼らは放課後サッカーをするのを楽しみました）

③補語になる
- One of her hobbies is **collecting** key chains.
（彼女の趣味の1つはキーホルダーを集めることです）

④前置詞の目的語になる
- My mother is good at **baking** cookies.
（母はクッキーを焼くのが上手です）

⑤複合名詞を作る
- a slèeping càr（寝台車）

複数の単語が結合して1つの名詞のようになります。

〈**動名詞＋名詞**〉の a slèeping càr は、a car for sleeping という意味で、動名詞はあとに続く名詞の「用途・目的」を表します。そして、**動名詞**に第1アクセントが置かれます。

ところが、
- a slèeping báby（眠っている赤ちゃん）の場合は、〈現在分詞＋名詞〉なので、現在分詞はあとに続く名詞の「状態・特徴」を表します。そして、**名詞**に第１アクセントが置かれます。

(B) 動名詞の動詞的性質
①受動形がある
- I don't like **being called** on in class.
（私は授業中当てられるのは好きではありません）

②完了形がある
- She is proud of **having won** the beauty contest last year.
（彼女は去年美人コンテストで優勝したことを誇りに思っています）
[＝ She is proud that she won the beauty contest last year.]

　不定詞に〈to have ＋過去分詞〉の「**完了不定詞**」があるように、**動名詞**には「**完了動名詞**」があります。完了動名詞は述語動詞が示す時よりも以前のことを表します。上の文では述語動詞が is（現在）なので、完了動名詞は過去のことを表しています。
　ついでに、**完了不定詞**の例もここに示しておきます。

- It <u>seems</u> that Greg <u>saw</u> Lois last week.
　　現在　　　　　　過去
  ➡ Greg seems **to have seen** Lois last week.
　　（グレッグは先週ロイスに会ったみたいです）

- It <u>seems</u> that Greg <u>has seen</u> Lois before.
　　現在　　　　　　現在完了
  ➡ Greg seems **to have seen** Lois before.
　　（グレッグは以前ロイスに会ったことがあるみたいです）

③目的語をとる

- I remember **seeing** her once.
（私は一度彼女に会ったのを覚えています）

④補語をとる

- He is not ashamed of **being** poor.
（彼は貧しいことを恥じてはいません）

> He is ashamed of not being rich. であれば、「彼は金持ちでないことを恥じています」の意味になります。動名詞を否定する not や never などの語は、「**動名詞の直前**」に置きます。

⑤副詞に修飾される

- **Getting up** early is good for your health.
（早起きは健康に良いです）

(2) 動名詞のみを目的語にとる動詞

> 「実際に起こることや起こったことを〜する」「実際に…であることや…であったことを〜する」という意味合いを持つ動詞が多いです。

admit（認める）	mind（気にする、嫌がる）
avoid（避ける）	miss（しそこなう）
consider（よく考える）	postpone（延期する）
deny（否定する）	practice（練習する）
enjoy（楽しむ）	put off（延期する）
escape（免れる）	quit（やめる）
finish（終える）	resist（逆らう）
give up（やめる／あきらめる）	suggest（提案する）
imagine（想像する）	

> 第40話　動名詞って動詞が名詞になったもの？

　主なものを覚える語呂合わせとして、**MEGAFEPSDAICON**（メガフェプス・ダイコン）というのがあります。**mind/enjoy/give up/avoid/finish/escape/put off（＝postpone）/suggest/deny/admit/imagine/consider** の頭文字を並べたものです。S を stop にして覚える人が多いようですが、stop は動名詞と不定詞の両方を取る動詞なので、この S はむしろ suggest として覚えておいたほうがよいでしょう。

- The woman **admitted shoplifting** three bottles of perfume from the shop.
  （その女は店から香水瓶を 3 本万引きしたことを認めました）

- They are **considering moving** to a larger house.
  （彼らはもっと大きな家に引っ越しすることを検討しています）

- The student **denied cheating** on the exam.
  （その生徒は試験でカンニングしたことを否定しました）

(3) to不定詞のみを目的語にとる動詞

> 未来に向かって何かをしようとする願望・意志・意図・決心・期待などを表す動詞が多いです。

agree（同意する）	offer（〜しようと申し出る）
care（〜したいと望む）	prepare（準備する）
decide（決定する）	pretend（ふりをする）
desire（強く望む）	promise（約束する）
determine（決心する）	refuse（拒否する）
expect（予期する／〜するつもりである）	seek（〜しようと努める）
hope（〜したいと望む）	want（〜したいと思う）
manage（何とかやる）	wish（〜したいと思う）
mean（〜するつもりである）	

- My sister **has decided to go** to graduate school.
（私の姉は大学院に行くことに決めました）

- I **hope to see** you soon.
（近々お会いできればと思います）

(4) 動名詞と to 不定詞の両方をとる動詞

> 目的語が動名詞でも to 不定詞でもほぼ意味が同じになるものは問題ありませんが、意味がちがってくるものは覚えておかなければなりません。

like

- My father **likes playing** golf.
（父がゴルフを**するのが好きです**）

- My father **likes to play** golf whenever his brothers or cousins come over.
（父は兄弟やいとこが遊びに来るときはいつでもゴルフ**をしたがります**）

> like の場合は、上記のような違いはあるが、動名詞・to 不定詞の区別なく、同じように使われることもよくあるぞ。

stop

- On a doctor's advice, he finally **stopped drinking**.
（医師の助言を受けて、彼はついに**飲酒をやめました**）

- After an hour of walking, we **stopped to take** a break.
（1時間歩いたあと、私たちは休憩**するために立ち止まりました**）

remember

- I **remember seeing** the movie before.
 (その映画は以前**見た覚えがあります**)

- Please **remember to return** your books before the due date.
 (**忘れずに**返却日までに本を**返してください**)

forget

- I'll never **forget meeting** her here.
 (ここで彼女に**会ったことは**決して**忘れ**ません)

- Don't **forget to lock** the front and back doors when you go out.
 (外出する時には、玄関と勝手口に鍵をかける**のを忘れない**でね)

regret

- I **regret saying** such a mean thing to her.
 (彼女にそんな意地の悪いことを**言ったことを後悔しています**)

- I **regret to say** that I cannot accept your offer.
 (**残念ながら**、あなたの申し出をお受けすることはできません)

さて、いろんな例文を見てきましたが、みなさんには動名詞と to 不定詞のイメージが湧いてきたでしょうか。

動名詞の本質は「**具体性**」、「**過去・現在志向**」であり、**to 不定詞**の本質は「**未定性**」、「**未来志向性**」と覚えておくとよいでしょう。

> もっと簡単に、**動名詞は過去志向**、**to 不定詞は未来志向**と覚えておくといいぞ。

Exercise

1 次の各文の（　）内の動詞を適当な形に変えてください。

① Would you mind (pass) me the butter, please?
② I didn't mean (hurt) your feelings.
③ We had to put off (play) golf because of the heavy rain.
④ I'd like (go) swimming this afternoon.
⑤ Don't forget (call) her back when you get home.

解答　1　① passing
　　　　　（バターを取っていただけないでしょうか）
　　　② to hurt
　　　　　（あなたの気持ちを傷つけるつもりはありませんでした）
　　　③ playing
　　　　　（大雨のせいで、私たちはゴルフを延期しなければなりませんでした）
　　　④ to go
　　　　　（今日は午後から泳ぎに行きたいです）
　　　⑤ to call
　　　　　（家に着いたら、彼女に折り返し電話するのを忘れないでね）

第41話 分詞ってそもそもナンなの?

🔑 分詞構文はいつも〜ing?

Ⓐ **Seen** from here, Mr. Fuji is very beautiful.
(ここから見ると、富士山はとても美しいですね)

Ⓑ Yes, It's spectacular all the year around.
(はい、それは一年中見事です)

ここまでの学びの中でもたびたび**分詞**という言葉が出てきました。このあたりで少し掘り下げて、分詞の意味を理解しておきましょう。

たのむニャ。

まずは**現在分詞**から行きましょう。形は**〜ing**です。

> それって、前回やった動名詞と同じだニャ？

形だけでいうと同じです。
でも、次の３つの英文を見てください。

① He is **singing**.
（彼は歌を歌っています）〈be ＋ **現在分詞** ➡ 進行形〉

② This book is **read** by many people.
（この本は多くの人に読まれています）
〈be ＋ **過去分詞** ➡ 受動態〉

③ I have just **eaten** breakfast.
（私はちょうど朝食を食べたところです）
〈have ＋ **過去分詞** ➡ 完了形〉

> ニャ？　①を見ると、現在分詞というのは、進行形のことニャ。それならそうと言ってニャ。

いずれにしても、①〜③を見ると１つのことがわかりますね。**分詞**には、このように**「動詞的な用法」**があるということです。

> さらに、**「形容詞的な用法」**もあるぞ！

はい、そうですね。**「分詞」**という名前は、**「動詞と形容詞の性質を分け持つ」**という意味から来ているのです。
さて、分詞が形容詞的に働くときは、ちょうど形容詞と同じように**「限定用法」**と**「叙述用法」**があります。ここでは、**「限定用法」**だけを簡単に説明することにします。

分詞の限定用法！

① 名詞の前につく分詞

- Look at that **sleeping** baby.
  （あの**眠っている**赤ちゃんを見て）[現在分詞]

| sleeping | baby |

- They found the **stolen** money.
  （彼らは**盗まれた**金を見つけました）[過去分詞]

② 名詞のうしろにつく分詞

- Look at that baby **sleeping** in the cradle.
  （ゆりかごの中で**眠っている**あの赤ちゃんを見て）[現在分詞]

- The found the money **stolen** from the bank.
  （彼らは銀行から**盗まれた**金を見つけました）[過去分詞]

> おい、早く会話例の説明をしてくれ！

はい、わかりました。分詞構文はいつも**現在分詞**の〜ing で始まると覚えている人が多いようですが、**過去分詞**で始まる分詞構文もあるのです。Seen from here, Mt. Fuji is very beautiful. は「ここから見ると、富士山はとても美しいですね」の意味です。この文は接続詞を用いて書くと、When it is seen from here, Mt. Fuji is very beautiful. となります。受動態の分詞構文の場合、Being seen from here, 〜の文頭の being は普通省略されるのがルールです。

分詞構文を作る手順！

- When he saw the police officer, he ran away.

(1) まず、接続詞を消します。この場合は When です。
(2) 従属節の主語 (he) と主節の主語 (he) が同じなので、従属節の主語を消します。
(3) 動詞を〜 ing に変えます。

➡ **Seeing** the police officer, he ran away.
（彼は警察官を見ると、逃げて行きました）

次のように「**時**」を表す文だけでなく、「**理由**」や「**結果**」「**条件**」「**完了形**」などを表す文も、すべて分詞構文で表現できるのです。

第41話 分詞ってそもそもナンなの？

- While I was walking down the street, I met Angela.
- ➡ **Walking** down the street, I met Angela.
  （通りを歩いていると、アンジェラに会いました）**[時]**

- Because I had a fever, I didn't go to school yesterday.
- ➡ **Having** a fever, I didn't go to school yesterday.
  （熱があったので、昨日私は学校に行きませんでした）**[理由]**

- The hurricane hit the city and (it) caused great damage.
- ➡ The hurricane hit the city, **causing** great damage.
  （そのハリケーンは市を襲い、多大な損害を与えました）**[結果]**

- If you go straight for two blocks, you'll soon find the city office.
- ➡ **Going** straight for two blocks, you'll soon find the city office.
  （まっすぐ２ブロック進むと、すぐに市役所が見えます）**[条件]**

- After she had finished her homework, she went out for a walk.
- ➡ **Having finished** her homework, she went out for a walk.
  （宿題を済ませてから、彼女は散歩に出かけました）**[完了形]**

Exercise

1 次の各文の（　）内の動詞を適当な形に変えてください。

① Who is the man (talk) with Carol?
② His wife drives a car (make) in Germany.
③ Is this really a picture (paint) by Van Gogh?
④ I heard someone (knock) the front door.
⑤ William got his arm (break) while playing baseball.

2 次の各文を分詞構文を用いて、書き換えてください。

① Because I had no money, I couldn't buy the DVD.
② If you use the Internet, you'll find the information easily.
③ Since it is surrounded by the sea, Japan has a mild climate.
④ As there was nothing else to do, we went home.
⑤ As he has lived in Australia for five years, he can speak English very fluently.

第41話　分詞ってそもそもナンなの？

解答
1. ① talking（キャロルと話をしている男性は誰ですか）
   ② made（彼の奥さんはドイツ製の車に乗っています）
   ③ painted（これは本当にヴァン・ゴッホによって描かれた絵なのですか）
   ④ knocking（誰かが玄関ドアをノックする音が聞こえました）
   ⑤ broken（ウィリアムは野球をしている間に腕を折りました）
2. ① Having no money, I couldn't buy the DVD.
   （金を全く持っていなかったので、そのDVDを買うことができませんでした）
   ② Using the Internet, you'll find the information easily.
   （インターネットを使えば、その情報を簡単に見つけられます）
   ③ Surrounded by the sea, Japan has a mild climate.
   （日本は海に囲まれているので、温暖な気候です）
   ④ There being nothing else to do, we went home.
   （他にすることがなかったので、私たちは家に帰りました）
   ⑤ Having lived in Australia for five years, he can speak English very fluently.
   （5年間オーストラリアに住んでいるので、彼はとても流暢に英語を話せます）

Chapter 8

接続詞・前置詞

言葉を結びつけたり、
対象物の位置や時間を示すことが
できます。

第42話 接続詞で語や文をつなぐ！

等位接続詞ってなに？

Ⓐ **Who is the man standing next to Mr. King?**
（キング先生の隣りに立っている男性は誰なの？）

Ⓑ **I think he is either the principal or the vice principal.**
（彼は校長か副校長のどちらかだと思うよ）

高速道路と一般道のつなぎ目のことをなんと言いますか？

ジャンクションだニャ。

英語にもつなぎ目があります。

> 接続詞 (conjunction) と言うぞ！

> ん？　今回はあまり迫力ないニャ。簡単そうに見えるニャ。

> 接続詞じたいは簡単ですね。and (そして)、or (それとも)、unless (でなければ) などですから。でも、その前後にある主語や述語の関係性には十分な注意が必要なのです。

Chapter 8　接続詞・前置詞

等位接続詞 and, but, or, nor…

等位接続詞は、**語・句・節**を**対等**な関係でつなぎます。

and、but、or、nor

- My brother **and** I are five years apart in age.
  （私の兄**と**私は5歳違います）
- I like pizza **but** I don't like pasta.
  （私はピザは好きです**が**、パスタは好きではありません）

255

- Do you go to school **by bus or by train**?
  (あなたはバスで通学するのですか、**それとも**電車でですか)
- I've never been there, **nor** will I go.
  (私はそこへ行ったことはありませんし、これからも行くこと**はない**でしょう)

> nor の後に節を続ける場合は、〈S＋V〉の倒置が起こるため、nor will I go という語順になるぞ。

so

- I had a bad cold, **so** I didn't go to school yesterday.
  (私はひどい風邪をひいていた**ので**、昨日は学校に行きませんでした)

> so は節と節を結び付け、「A（原因）だから B（結果）だ」というように因果関係を表します。通常、直前にはコンマを置きます。

for

- I know Jason is a reliable person, **for** I have worked with him for years.
  (私はジェイソンが信頼できる人だということを知っています。**というのは**、彼とは長年一緒に仕事をしてきたからです)

> 「というのは～だから」という意味を表す for は、前述の節の事柄について、補足的な理由や根拠を説明する節を導きます。for は文語的なので、会話ではほとんど用いられません。

命令文 + and/or

(1) 命令文 + and ...（～しなさい、そうすれば…）

- **Hurry up, and** you'll catch the train.
  (急ぎなさい、**そうすれば**列車に間に合いますよ ➡ 急げば列車に間に合いますよ)

(2) 命令文 + or ...（〜しなさい、さもないと…）

- Hurry up, or you'll be late for school.
  （早くしなさい、**さもないと**学校に遅れますよ ➡ 早くしないと、学校に遅れますよ）

相関的に使われる等位接続詞

① both A and B （AもBも）

- The tourist group visited **both** Kyoto **and** Nara.
  （その観光客団体は京都**も**奈良**も**訪れました）
- **Both** my brother **and** I **are** college students.
  （兄**も**私**も**大学生です）**[複数扱い]**

② not A but B （AではなくてB）

- He is **not** a lawyer **but** a doctor.
  （彼は弁護士**ではなく**、医師です）
- **Not** you **but** I **am** wrong.
  （あなた**ではなく**、私が間違っています）**[動詞はBと一致]**

③ not only A but (also) B （AだけでなくBも）

- **Not only** you **but also** I **am** wrong.
  （あなた**だけでなく**、私**も**間違っています）**[動詞はBと一致]**

④ either A or B （AかBかどちらか）
- **Either** you **or** I **am** to blame.
  （あなた**か**私**のどちらか**に責任があります）**[動詞はBと一致]**

⑤ neither A nor B （AもBも〜ない）
- **Neither** you **nor** I **am** to blame.
  （あなた**にも**私**にも**責任は**ありません**）**[動詞はBと一致]**

Exercise

1 日本語の意味に合うように（　）に適当な接続詞を入れてください。

① Barbara is a nurse, (　　) her sister is not.
（バーバラは看護師ですが、彼女の妹はそうではありません）

② Which would you prefer, coffee (　　) tea?
（コーヒーと紅茶とどちらがよろしいですか）

③ She is not rich, (　　) does she wish to be.
（彼女はお金持ちではありません、またそうなりたいとも思っていません）

④ Vicky (　　) Elena have been roommates for over five years.
（ヴィッキーとエレナは5年以上もルームメートです）

⑤ David felt no fear in front of Goliath, (　　) he was a brave young warrior.
（ダビデはゴリアテを前に全く恐れを感じませんでした、と言うのは彼が勇敢な若き戦士だったからです）

解答　1　① but
　　　　② or
　　　　③ nor
　　　　④ and
　　　　⑤ for

第43話 従属接続詞をチェック！

「時や条件」を表す副詞節の中では？

Ⓐ **Brush your teeth before you go to bed, okay?**
（寝る前に歯を磨きなさいよ、いい？）

Ⓑ **Alright, Mom, I will.**
（わかったよ、ママ、そうするよ）

前回は等位接続詞を学びました。今回は従属接続詞がテーマです。これも英会話でよく使う接続詞ですよ。

名前からして下っ端という感じニャ。

よく気づいたな。
前回の「等位」に対して「従属」なんだぞ。

「等位」は同じ身分という感じですよね。でも、**「従属」**というと何かにしたがっている感じです。どんな種類の接続詞が登場するのか、楽しみですね。

さて、会話例のⒶを見てください。これから寝るわけですが、before you will go to bed とはならず、現在形を使って before you go to bed となっていますね。実は、before や when のような**「時」**、if のような**「条件」**を表す**副詞節**の中では、**未来のことでも現在形**で表すのです。それがルールなのです。

とっても大切なルールだニャ。

従属接続詞は、メインとサブをつなげる！

(1) 名詞節を導くもの：that, if, whether の3つがあります。

① that（〜ということ）

- I think **that** the lock is broken.
  （その鍵は壊れていると思います）
- My guess is **that** she is in her late forties.
  （私の推測では、彼女は40代後半でしょう）

② if/whether（〜かどうか）

- I don't know **if** the plan will work.
  （そのプランがうまくいく**かどうか**私にはわかりません）

whether も使えますが、会話では if のほうがよく使われます。

- Let me know **whether** you are coming or not.
  (おいでになるかどうか知らせてください)

> if も使えますが、or を伴う場合は whether のほうが好まれます。

(2) 副詞節を導くもの：たくさんあるので代表的なものをあげておきます。

① 「時」を表す副詞節

when（〜するとき）	once（いったん〜すると）
while（〜する間は［に］）	as soon as 〜（〜するとすぐに）
as （〜するとき；〜しながら；〜するにつれて）	no sooner 〜 than ... （〜するやいなや…する）
after（〜した後で）	hardly/scarcely 〜 when/before ... （〜したとたんに…する）
before （〜する前に、〜しないうちに）	every [each] time 〜 （〜するときはいつでも）
since（〜して以来）	next time 〜（今度〜するときには）
until/till（〜するまで）	

- The phone rang **while** she was taking a shower.
  (彼女がシャワーを浴びている**間に**電話が鳴りました)
- Most people will get more forgetful **as** they get older.
  (ほとんどの人は歳を取る**につれて**、忘れっぽくなります)
- **Once** you have made up your mind, you should stick to it.
  (**いったん決意したら**、それ［自分の決意］を断固として守るべきです)
- **As soon as** she arrived at the airport, she called her parents.
  (空港に着く**とすぐに**彼女は両親に電話をしました)
  [= **No sooner** had she arrived at the airport **than** she called her parents.]
  [= She had **hardly [scarcely]** arrived at the airport **when [before]** she called her parents.]

> 下の2つは as soon as 〜 よりも形式張った言い方で、「〜するやいなや…する、〜したとたんに…する」というニュアンスです。

②「理由」を表す副詞節

because（～なので、～だから）
since/as（～なので）
now (that) ～（もう～なので）

- **Now (that)** you are an adult, you should know better.
  (あなたは**もう**大人な**のだから**、もっと分別を持つべきです)

> because は since や as に比べて、よりはっきりした直接的な原因・理由を表します。

③「条件」を表す副詞節

if（もしも～ならば）	as long as ～ (～さえすれば；～する限り)
unless (もしも～しなければ、～しない限り)	provided [providing] (that) ～ (～としたら)
in case ～ (もしも～の場合には；～するといけないから)	suppose [supposing] that ～ (～としたら)

- **Unless** you start now, you'll be late.
  (今出発**しなければ**、遅刻しますよ)
- **In case** you have any questions, please do not hesitate to contact me.
  (何か質問がある**場合は**、遠慮なくご連絡ください)
- Take an umbrella with you **in case** it rains.
  (雨が降る**といけないから**、傘を持って行きなさい)
- **As long as** you behave well, I will buy you some ice cream.
  (行儀よくして**いるなら**、アイスクリームを買ってあげるからね)
- I will go **provided [providing]** that my travel expenses are paid.
  (交通費を払ってもらえるの**であれば**、私は行きます)

> provided [providing] (that) ～ や
> suppose [supposing] that ～ は、if の代用表現です。

④「目的」を表す副詞節

so that ～（～するために、～するように）
in order that ～（～するために、～するように）

- Please speak a little louder **so that** everyone can hear you.
  [= Please speak a little louder **in order that** everyone may hear you.]
  (みんなが聞こえる**ように**、もう少し大きな声で話してください)

> in order that ～は so that ～よりもかたい表現です。
> なお、会話では so that の that はしばしば省略されます。

⑤「結果・程度」を表す副詞節

so ～ that ...（とても～なので…）	so that ～（その結果～、そこで～）
such ～ that ...（とても～なので…）	

- Dr. Neu's lecture was **so** difficult **that** I couldn't understand anything.
  (ニュー博士の講義は**とても**難しかった**ので**、私には何も理解できませんでした)
- It was **such** a boring movie **that** I fell asleep halfway through it.
  (それは**非常に**退屈な映画だった**ので**、私は途中で寝てしまいました)
- He overslept, **so that** he was late for work.
  (彼は寝過ごした**ので**、仕事に遅刻しました)

> 会話では、ときに so that の that が省略されることもあります。

⑥「譲歩」を表す副詞節

though/although（～だけれども）
even though（たとえ～であっても：though を強めたもの）
even if（たとえ～でも：if を強めたもの）
whether A or B（A であろうと B であろうと）

- **Though** he is rich, he doesn't seem happy.
 （彼は金持ち**ですが**、幸せそうには見えません）

> although も通じますが、though よりも少し形式張った語になります。会話では though のほうが好んで使われます。

- It doesn't matter to me **whether** it rains **or** shines tomorrow.
 （明日が雨**でも**晴れ**でも**、私にはどうでもいいことです）

⑦その他の意味を表す副詞節

〈様態〉 **as**（～するように）　　**as if/as though**（まるで～のように）
〈制限〉 **as [so] far as ～**（～する限りでは）　　**in that ～**（～という点で）
〈対比・対照〉 **whereas**（～である一方、…）　　**while**（～である一方、…）

- Do **as** you like.
 （やりたい**ように**やりなさい）
- Do in Rome **as** the Romans do.
 （ローマではローマ人がやる**ように**せよ　➡　郷に入れば郷に従え：諺）
- She looked **as if** she had seen a ghost.
 （彼女は**まるで**幽霊でも見たか**のような**顔をしていました）
- **As [So] far as** I know, he is very thoughtful.
 （私の知る**限りでは**、彼はとても思いやりがあります）
- Those brothers are similar **in that** they are majoring in electrical engineering.
 （その兄弟は電気工学を専攻している**という点で**似ています）
- **While** Chelsea is living in a big city, her sister Bethany is living in a small town.
 （チェルシーは大都市に住んでいます**が**、妹のベサニーは小さな町に住んでいます）

> whereas でも通りますが、while よりも格式張った表現になります。

「時や条件」を表す副詞節中では・・・

when や if などの **「時」** や **「条件」** を表す接続詞を用いると、その副詞節中では、**これからのこと（未来）** であっても「実際にあること、実際に起こること」と考え、**「現在形」** を用います。

- **When** she returns to the office, I will give her your message.
  （彼女が会社に戻ってきましたら、伝言を伝えておきます）
- **If** the weather is good tomorrow, let's go swimming at the beach.
  （明日天気がよければ、ビーチに泳ぎに行きましょう）
- Please call me **as soon as** you get home.
  （帰宅後すぐに私に電話をしてください）
- I'll call you **after** I have finished my homework.
  （宿題を終えたら、電話するからね）

> 現在完了形はあくまでも現在なので、このように用いることができるわけだ。この文の場合は、after I finish my homework と言うこともできるぞ。

- Could you lend me the book **when** you have read it?
  （その本を読んだら、私に貸してもらえますか）

> この文の場合は、「本を読み終えたら相手に貸せる」わけだから、when you read it と言うことはできないぞ。

Exercise

1 日本語の意味に合うように（　）に適当な接続詞を入れてください。

① (　) it was raining very hard, she went grocery shopping.
(雨がとても激しく降っていましたが、彼女は食料品を買いに出かけました)

② The problem is (　) they have no incentive to work hard.
(問題は彼らに熱心に働こうという気がないということです)

③ Please don't talk to me (　) I'm studying.
(私が勉強をしている間は、話しかけないでください)

④ It depends on (　) it will rain or shine tomorrow.
(それは明日雨が降るか晴れるかにかかっています)

⑤ (　) you've learned the basics, you can apply them to other things.
(いったん基本を学んでしまえば、他のことにも利用することができます)

解答　1　① Though/Although
　　　　② that
　　　　③ while
　　　　④ whether
　　　　⑤ Once

第44話 前置詞って2つ続いてもいいの？

> **key** 2つの前置詞が連続することはよくある！

Ⓐ **You can choose one from among these items.**
（これらの商品の中から１つ選ぶことができます）

Ⓑ **Okay, I'll take this one.**
（わかりました、これをいただくことにします）

前置詞が２つ続くことってあるのかニャ？
ニャンでかっていうと、あたし、見たんだニャ。

He usually gets home at around 9 o'clock.

っていう文を。

なるほど、とてもよい質問ですね。at around 9 o'clock（9時あたりに）は at about 9 o'clock（9時ごろに）と同じく、文法的に合っています。この場合、around は前置詞ではなく、数量の前に付いて「約」「およそ」の意味を表す**副詞**なのです。around を「〜ごろに」「およそ〜に」という意味の**前置詞**として使うのであれば、at は不要です。実際の会話では、He usually gets home around 9 o'clock. というほうが普通です。

ほかにも、たとえば、

This lake is too cold to swim in in fall.

という文も in が2つも続きます。

ひえー。

この文では、This lake is too cold to swim in までの意味をまず考えてみましょう。

「この湖は泳ぐには寒すぎる」だニャ。

そこに in fall が付いているから、「秋には」という意味です。つまり、その湖は夏までは楽しく泳げても、秋にはもう寒すぎて泳げないわけです。最初の in は「湖に swim in」するの in。うしろの in は「in fall＝秋に」の in。**前置詞が2つあっても全く問題ない**ということです。

じゃあ、**I had a few things to take care of in my office this morning.** の場合はどうだ？

第44話 前置詞って2つ続いてもいいの？

of と in があるニャ。
う〜ん、あっ、わかったニャ。
I had a few things to take care of (私はやらなければいけないことが2、3あった) という部分と in my office this morning (今朝、私のオフィスで) の部分をくっきり分けて考えればいいニャ。

チッ…。正解だぞ。

冒頭の会話例のⒶにある **from among** も実際の英会話でよく聞く表現です。
　You can choose one **from among** these items.
（これらの商品の中から1つ選ぶことができます）

つまり前置詞が連続することは、
普通にあることなんだニャ。

それを**「二重前置詞」**というぞ！

前置詞は名詞の前に置く語！

「**前置詞**」は、名詞や代名詞、動名詞などの**名詞の働きをする語句の前**に置く語です。
　基本的な前置詞については、その**イメージ**を感覚的にとらえておくことが大切です。

(1) 基本的な前置詞

at	**at** 10 A.M.（午前10時に）　　arrive **at** the airport（空港に着く）
in	live **in** France（フランスに住む）　　**in** the morning（午前中に） **in** April（4月に）　　**in** the 1990's（1990年代に）
on	**on** April 4（4月4日に）　　**on** Monday（月曜日に） **on** the table（テーブルの上に）　　**on** the grass（芝生の上に）
from	**from** Monday to Friday（月曜日から金曜日まで） travel **from** Canada to Mexico（カナダからメキシコまで旅行する）
to	go **to** the park（公園に行く）　　speak **to** him（彼に話しかける）
for	leave Osaka **for** Tokyo（大阪を出発して東京に向かう） stay **for** a few days（数日間滞在する） **for** academic purposes（研究目的のために）
since	**since** 2001（2001年以来） **during** his stay in LA（彼のロス滞在中に）
of	a friend **of** mine（私の友達の1人） two cups **of** coffee（コーヒー2杯）
by	**by** the lake（湖のそばに）　　go **by** train（電車で行く） come home **by** three（3時までに家に帰る） **by** working part-time（アルバイトをすることによって）
under	**under** the desk（机の下で）　　**under** construction（建設中で）
with	play **with** my friends（友達と遊ぶ）
within	**within** three hours（3時間以内に）
over	**over** the past decade（この10年間で）
across	walk **across** the bridge（橋を歩いて渡る）
through	**through** the Internet（インターネットを通じて）

(2) 間違いやすい前置詞

① by と until

by：「〜までに」の意味で、動作・状態の「完了」
until/till：「〜まで」の意味で、動作・状態の「継続」

- Finish the work **by** tomorrow.
  （明日**までに**その仕事を終えなさい）
- Wail **until [till]** tomorrow.
  （明日**まで**待ちなさい）

② beside と besides

beside：「〜のそばに、〜の脇に」の意味
besides：「〜に加えて」（＝ in addition to 〜）の意味

- **beside** the bed
  （ベッド**の脇に**）
- **besides** that
  （それ**に加えて**）

> 次の at と in の使い分けもチェックしておきましょう。

- He has arrived **in** Tokyo. ➡ 「**東京都**」（という地域）に着いた。
- He has arrived **at** Tokyo. ➡ 「**東京駅**」に着いた。

(3) 群前置詞

2語以上がまとまって1つの前置詞の働きをする語句を **「群前置詞」** または **「句前置詞」** と言います。

according to ～（～によれば）	in case of ～（～の場合には）
apart from ～（～を別にすれば）	in front of ～（～の前に）
as for ～（～について言えば）	in spite of ～（～にもかかわらず）
as to ～（～については）	instead of ～（～の代わりに）
because of ～（～が原因で、～のため）	next to ～（～の横に）
but for ～（～がなければ）	on account of ～ （～のために、～の理由で）
by means of ～ （～を用いて、～を介して）	on behalf of ～（～に代わって）
by way of ～ （～を経由して、～の目的で）	owing to ～（～のために）
close to ～（～の近くに）	prior to ～（～の前に）
contrary to ～（～に反して）	regardless of ～（～にかかわらず）
due to ～（～のせいで、～が原因で）	thanks to ～（～のおかげで）
for the sake of ～（～のために）	up to ～（～まで）
in addition to ～（～に加えて）	with regard to ～（～に関して）

(4) 群動詞

〈動詞＋前置詞〉や〈動詞＋副詞〉などの形で、1つの動詞と同じ働きをするものを「群動詞」または「句動詞」と言います。

look for ～（～を探す）	get along with ～ （～とうまくやっていく）
hear from ～（～から連絡をもらう）	put up with ～（～に耐える）
come across ～（～に出くわす）	make up for ～（～の埋め合わせをする）
wait for ～（～を待つ）	take care of ～（～の世話をする）
ook forward to ～ （～を楽しみに待つ）	take advantage of ～ （～を利用する）
look up to ～（～を尊敬する）	pay attention to ～（～に注意を払う）

これらはすべて中学校と高校で重要熟語として覚えたものばかりですね。群動詞をたくさん覚えることは英会話上達の近道でもありますので、1つでも多くマスターしていくことを強くおすすめします。

(5) 二重前置詞

2つの前置詞が連続するものを「二重前置詞」と言います。

- She was chosen **from among** many applicants.
  (彼女は多くの応募者**の中から**選ばれました)
- My father called me **from across** the fence.
  (父はフェンス**の向こうから**私を呼びました)
- The moon emerged **from behind** the clouds.
  (月が雲**の後ろから**現れました)
- The lady took her wallet **from beneath** her coat.
  (その女性はコート**の下から**財布を取り出しました)
- I waited for him **till after** midnight.
  (私は夜中**過ぎまで**彼を待ちました)
- I haven't seen your sunglasses **since before** our trip.
  (旅行**前から**今まであなたのサングラスは見ていません)
- The boy has been sitting on a couch watching TV **since after** dinner.
  (その少年は夕食**後から**ずっとソファに座ってテレビを見ています)

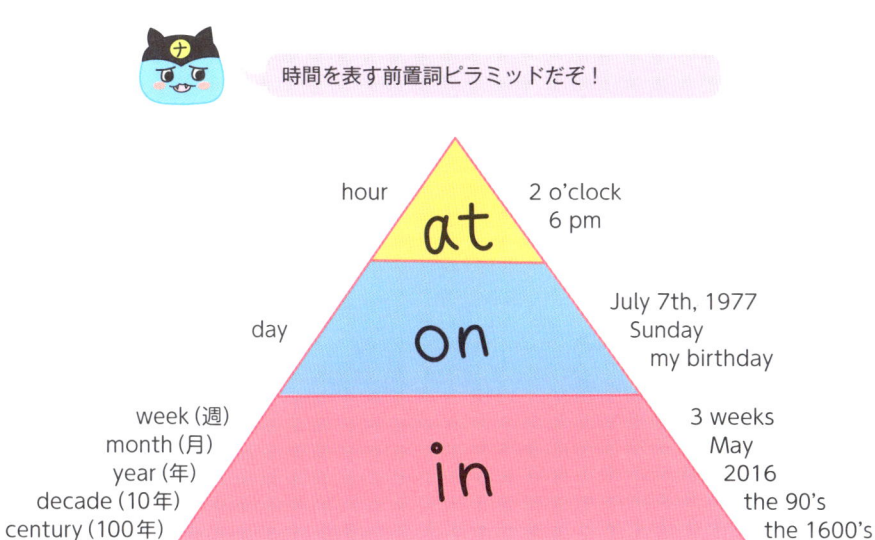

時間を表す前置詞ピラミッドだぞ！

- **at** — hour — 2 o'clock, 6 pm
- **on** — day — July 7th, 1977, Sunday, my birthday
- **in** — week(週), month(月), year(年), decade(10年), century(100年) — 3 weeks, May, 2016, the 90's, the 1600's

Exercise

1 次の各文の（　）に適当な前置詞を入れてください。

① The staff meeting lasted （　） a good three hours.
② They stayed at their villa （　） the week.
③ Thanks （　） your help, I was able to finish the work.
④ I think she will come back （　） half an hour.
⑤ Alayne took a small tray （　） under the counter.

解答　1　① for（スタッフ会議はまる3時間も続きました）
　　　　② during（彼らは1週間別荘に滞在しました）
　　　　③ to（あなたが助けのおかげで、私はその仕事を終えることができました）
　　　　④ in（彼女は30分で戻ってくると思います）
　　　　⑤ from（アレインはカウンターの下から小さな盆を取り出しました）

Chapter 9

仮定法・否定

仮定法はどうして
ひとつ前の時制を使うのか、
その意味が
よーくわかります。

第45話 仮定法は魔法の用法？

仮定法には3つの形式がある！

Ⓐ **Dean didn't pass the exam, as you had expected.**
（君の予想どおり、ディーンは試験に合格しなかったね）

Ⓑ **Right. If he had studied harder, he could have passed it.**
（そうなのよ。もっと頑張っていたら、合格できていたのにね）

ここでは英会話に必要な仮定法について学んでいきましょう。

if を使うやつかニャ？

よくカン違いされますが、なにも if を使うからといって、それが**仮定法**とは限りません。

If I have enough time today, I will email some of my friends.

さて、この文の意味は何でしょうか？

「もし今日十分な時間があれば、数名の友達にEメールを書くつもりです」かニャ？

はい、そうです。単に事実を述べている文で、これを**「直説法」**と呼びます。では、次の文の意味はどうでしょう？

If I had enough time today, I would email some of my friends.

同じ感じの意味だニャ？

ちがうぞ！

またお前でてきたニャ〜。

これは「もし今日十分な時間があれば、数名の友達にEメールを書くんだけど」という意味です。先ほどの直説法の文は「今日十分な時間があれば」でした。これは現実に起こり得ることですね。

しかし、2番目の文では「今日は十分時間がない」という前提があり、現在の事実に反することを想定して、「今日十分な時間があれば」と言っています。この、現実とはちがう想像上（架空）の内容を**「仮定法」**と呼びます。

279

> 現実ではなく、想像・架空のこと？

> はい、そうです。では、会話例の Ⓑ を見てください。
>
> **If** he **had studied** harder, he **could have passed** it.
> (そうなのよ。もっと頑張っていたら、合格できていたのにね)
>
> 「実際には彼はあまり本気で勉強しなかったから、試験に合格できなかった」というのが、すでに起きてしまった過去の事実です。その過去の事実に反して「もし～だったら」と仮定しているわけです。このように**過去の事実とは異なることを仮定する**場合には、**if 節**に**過去完了**を用いた**「仮定法過去完了」**を用います。

仮定法の「法」はmoodだ！

　話し手の心的態度（気分）を表すための述語動詞の形を**「法」(mood)** と言います。英語には、次の３種類の法があります。

〈1〉**直説法** ※事柄を「事実」として述べる mood
- Both of my parents **are** from California.
（私の両親はどちらもカリフォルニア州出身です）
- If it **rains** tomorrow, the game **will be** canceled.
（もし明日雨が降れば、試合は中止になります）

〈2〉**命令法** ※命令や依頼などを表す mood
- **Hurry** up! （急いで！）
- Don't **be** afraid! （怖がらないで！）

〈3〉**仮定法** 仮定法は**事実**ではなく、「**仮定**」や「**願望**」として述べるものです。

① **仮定法過去**：（もしも（今）〜なら、…だろうに）

条件節	帰結節
If + S + 過去形／were 〜,	S + {would, could, might, should} + 原形

- If I **had** a lot of money, I **would buy** a new house.
（もしもたくさんお金があれば、新しい家を買うでしょう）
- If I **knew** his phone number, I **could call** him.
（彼の電話番号を知っていれば、彼に電話をかけられるのですが）
- If I **were [was]** you, I **would tell** her the truth.
（私があなただったら、彼女に真実を伝えるでしょう）

> be 動詞の場合は、人称に関係なく were を使うのが原則です。ただし、口語では was としても OK です。

② **仮定法過去完了**：（もしも（あの時）〜だったら、…しただろうに）

条件節	帰結節
If + S + had + 過去分詞 〜,	S + {would, could, might, should} + have + 過去分詞

- If she **had left** a little earlier, she **would have caught** the bus.
（もう少し早めに出発していたら、彼女はバスに間に合っていたでしょうに）

第45話 仮定法は魔法の用法？

- If I **had known** her e-mail address, I **could have written** her.
  （彼女の電子メールアドレスを知っていたら、彼女にメッセージを書くことができたのですが）
  [＝ If I **had known** her e-mail address, I **would have been** able to write her.]
- If the bus driver **had been** more careful, the terrible accident **would not have happened**.
  （もしもバス運転手がもっと気をつけていたなら、その恐ろしい事故は起こらなかったでしょう）

> 仮定法を作る場合は、「直説法の時制を1つ前にずらす」と覚えておくとよいでしょう。

ここで1つ問題！

次の2つの日本語を英語に訳す場合は、どうすればよいか考えてみてください。

> (A) もしも彼があのとき私の忠告に従っていたら、今頃は大成功した実業家になっているでしょうに。
> (B) 彼女が助けてくれてなければ、今の私の人生は全く違っているかもしれません。

これらの文を英語にする際には、先ほどの「仮定法過去完了」をそのまま使うわけにはいきません。なぜならば、(A)(B)の日本語は「もし（過去に）～したとすれば、（現在は）…だろう」と言っているからです。このように **if 節と主節で表す「時」が異なる**場合は、if 節に**「過去完了形」**、帰結節に**「過去形」**を用いる必要があります。

> このような形を「**仮定法混合型**」と呼ぶことがあるぞ！

(A) (B) を英語にすると、次のようになります。

- (A) If he **had taken** my advice then, he **would be** a successful businessman now.
- (B) If she **hadn't helped** me, my life **might be** quite different now.

仮定法で表現したいことすべてが、**「仮定法過去」**あるいは**「仮定法過去」**のいずれかに適合するとは限らず、ときにはこの**「仮定法混合型」**を用いなければならないときもあるわけですね。

ここで、**「仮定法過去」**を使った**「丁寧表現」**について少し触れておきたいと思います。

みなさんはすでに Do you mind if I smoke?（タバコを吸ってもいいですか）や Do you mind if I sit here?（ここに座ってもいいですか）の表現は知っておられると思います。

実は、**「仮定法過去」**を使って、Would you mind if I smoked? や Would you mind if I sat here? と言うと、**より丁寧な表現**になります。仮定法過去を使うと、相手のこと気遣って遠回しな言い方になるのです。それは現在のことを聞くのに、過去形を使うことで**「時間の隔たり」**が生まれ、その「時間の隔たり」が**「心理的な隔たり」**に置き換えられ、相手と少し距離を置くことで、丁寧な言い方になるわけです。そのことは、第23話でも説明しました。

③ 仮定法現在

主にアメリカ英語では、**提案・要求・命令・願望**などを意味する**動詞**や、**必要性・重要性**を表す**形容詞**を用いた文の **that 節中**では、主語の人称や時制の影響を受けずに、**〈動詞の原形〉**を用います。イギリス英語でもこの形を使うことはありますが、**〈should ＋ 動詞〉**を使うのが主流です。

that 節中で**動詞の原形**を用いる**動詞・形容詞**には、主に次のようなものがあります。

動詞

advise（忠告する）	propose（提案する）
command（命令する）	recommend（勧める）
demand（要求する）	request（要請する）
desire（希望する）	require（要求する）
insist（主張する）	suggest（提案する）
order（命令する）	urge（要請する）
prohibit（禁止する）	resist（逆らう）
give up（やめる／あきらめる）	suggest（提案する）
imagine（想像する）	

形容詞

desirable（望ましい）	important（重要な）
essential（不可欠な）	natural（当然で）
imperative（必須の）	necessary（必要な）

- The teacher suggested that Hiroko **(should) study** abroad.
  （先生はヒロ子が留学することを勧めました）
- It is necessary that everyone **(should) attend** the monthly meeting.
  （全員が月例会議に出席する必要があります）

Exercise

1 次の各文の（　）に適当な前置詞を入れてください。

① If it had rained yesterday, we (　　) have stayed home.
② If I (　　) you, I would accept the offer.
③ (　　) you mind if I asked you a few questions?
④ It (　　) be very helpful if you could send it by Friday.
⑤ Dr. Oxford insisted that our term papers (　　) submitted by May 5.

解答　1　① would
　　　　　（もしも昨日雨が降っていたら、私たちは家にいたでしょう）
　　　② were または was
　　　　　（もしも私があなたなら、その申し出を受けるでしょう）
　　　③ would
　　　　　（いくつか質問をしても構いませんでしょうか）
　　　④ would
　　　　　（もしもそれを金曜日までにお送りいただけますなら、非常に助かります）
　　　⑤ be または should be
　　　　　（オックスフォード博士は私たちの学期末レポートを5月5日までに提出するように求めました）

285

第46話 ifの省略と仮定法の慣用表現

key
〈主語＋動詞〉が倒置され、
〈動詞＋主語〉の語順となる！

Ⓐ **Should you** have any further questions, please feel free to contact me.
（もしも万一さらにご質問があれば、遠慮なく私にご連絡ください）

Ⓑ **All right. Thank you.**
（わかりました。ありがとうございます）

倒置という言葉を知っていますか？
語順が逆転することですが…

たとえば？

会話例のⒶでは、Should you have any further questions, please feel free to contact me. とあります。これって「もし〜」という意味なのに、If がありませんよね？

うん。にゃいニャ〜。

If you should have any further questions のように、If をつけたっていいんです。
でも、ここでは省略しているのです。

省略するというのは、言葉では必要なことだぞ。
相手に伝わるのなら、短く、カンタンに言うのに越したことはないからな！

また、えらそうに・・・

if を省略すると、うしろの〈**主語＋動詞**〉**は倒置されて**、疑問文と同じ語順になります。そこで、you と should の位置が逆転しているわけですね。

だから Should you で始まっているのかニャ！

これが**「倒置」**なのです。

チェンジ！

第46話 ifの省略と仮定法の慣用表現

仮定法アラカルト！

(1) 未来のことを表す仮定法

① 〈if S + were to + 動詞の原形〉（もし〜するようなことがあれば）

> 口語では were の代わりに was を用いることもあります。

- If the sun **were to rise** in the west, I **would** never **change** my mind.
  （仮に太陽が西から上ることがあっても、私の決心は変わりません）
- If Ethan **were to propose** to you, what **would** you **do**?
  （もしイーサンがあなたにプロポーズするようなことがあれば、どうしますか）

② 〈if S + should + 動詞の原形〉（万が一〜すれば）

- If anything **should happen** to you, I **will [would]** come and help you immediately.
  （万一あなたの身に何か起きたら、私はすぐに行ってあなたを助けます）

> 主節の動詞は現在（will）でも、過去（would）でも構いません。

- If you **should have** any questions, please do not hesitate to contact us.
  （もし万が一質問があれば、遠慮なく当社にご連絡ください）

(2) wish を用いた仮定法

① 〈I wish + 仮定法過去〉：現在の事実と反する願望です。
- **I wish** I **were [was]** rich.
（私がお金持ちならなあ）
- **I wish** I **could speak** English more fluently.
（もっと英語を流暢に話せればなあ）

② 〈I wish + 仮定法過去完了〉：過去の事実と反する願望です。
- **I wish** I **had listened** to my teacher's advice.
（先生の忠告を聞いておけばよかったなあ）
- **She wishes** her team **could have won** the game.
（彼女は自分のチームがその試合に勝つことができていたらなあと思いました）

> wishが事実に反する、または起こりえないと話者が考えることへの願望を述べる言い方であるのに対し、hope は期待や願望が実現する可能性が十分にあり得る場合に用いる言い方です。

比べてわかる大きな違い！

- I **wish** the weather **would** be fine tomorrow.
（明日はいい天気だったらなあ）　　すでにあきらめムードだぞ。

- I **hope** the weather **will** be fine tomorrow.
（明日はいい天気になってほしいなあ）　　可能性を願うムードだぞ。

> I wish の代わりに、If only を使えば、さらに強い願望を表すことができます。

- **If only** the rain **would stop**!
（雨が止みさえすればなあ）

(3) 仮定法を用いた慣用表現

- **It's time** you **went** to bed.
  (もう寝る時間ですよ)
  ※会話では It's time for you to go to bed. と言う方が普通です。

- **It's high time** you **started** to look for a job.
  (もうとっくに職探しに取り掛かるべきときです)
  ※high を入れると、「とっくに〜すべき時期」くらいのニュアンスです。

- He talks **as if** he **knew** everything about movies.
  (彼は映画について何でも知っているかのように話します)

- **If it were not for** your help, I **couldn't do** the work.
  (あなたの援助がなければ、私はその仕事をすることができないでしょう)
  [= **Without** your help, I **couldn't do** the work.]

- **But for** his advice, I **should have failed**.
  (彼のアドバイスがなかったら、私は失敗していたでしょう)

but for 〜 は堅い表現なので、会話ではあまり使われません。

- **With** a little more time, I **could complete** this project.
  (もう少し時間があれば、このプロジェクトを仕上げることができるでしょう) [= **If** I **had** a little more time, 〜]

(4) ifの省略：仮定法の **if が省略されると**、**倒置**が生じ、〈**(助) 動詞＋主語**〉の語順になります。

- **If I were** you, I would buy that one.
  - ➡ **Were I** you, I would buy that one.

  (もし私があなただったら、それを買うでしょう)

- **If I had known** your phone number, I would have called you.
  - ➡ **Had I known** your phone number, I would have called you.

  (もしあなたの電話番号を知っていたなら、あなたに電話をしたのですが)

- **If you should have** any questions, please do not hesitate to contact me.
  - ➡ **Should you have** any questions, please do not hesitate to contact me.

  (もし万が一質問があれば、遠慮なく私に連絡してください)

第46話 ifの省略と仮定法の慣用表現

Exercise

1 次の各文の（　）に適当な語を入れてください。

① I (　) I were taller for a basketball player.
② If (　) this rain stopped immediately.
③ If anyone (　) ask where I am, tell them you don't know.
④ If she were (　) find out the truth, she would be deeply shocked.
⑤ My host parents treated me (　) if I were their own child.

解答　1　① wish
　　　　（バスケットボール選手として、もっと背が高ければなあ）
　　　　② only
　　　　（この雨さえ止んでくれればなあ）
　　　　③ should
　　　　（万一誰かが私がどこにいるか聞いてきたら、知らないと言っておいて）
　　　　④ to
　　　　（もしも彼女が真実を知ることになれば、彼女は深いショックを受けるでしょう）
　　　　⑤ as
　　　　（ホストファミリーの両親は、私がまるで彼らの実の子であるかのように扱いました）

292

Chapter 9 仮定法・否定

仮定法が
わかったら、表現力が
倍増しますよ！

第47話 notなしで否定できる語

key: hardly, seldom, few, little などは弱い否定語！

Ⓐ **Did you understand Professor Emerson's lecture today?**
（今日のエマーソン教授の講義を理解できた？）

Ⓑ **No, I could hardly understand what he was saying.**
（いや、彼の言っていることはほとんど理解できなかったわ）

「否定語」とはどんなものか知っていますか？

否定だから、たとえば、no とか not とか never とかニャ？

そのとおりです。それらは**文や語句を完全に否定**します。完全にです。さらに、否定の中には、「ほとんど〜ない」や「めったに〜ない」といった、やさしめの否定もあります。

294

あるある、確かにニャ！

それを「**準否定語**」と呼びます。会話例の⑧でも **hardly** が使われていますね。
could hardly understand what he was saying で、彼の言っていることが、完全とは言わないまでも、ほとんど理解できなかったと言っています。

否定と準否定！

(1) not を使った否定文

- He did**n't** go to the party.
  (彼はパーティーに行きませんでした)
- My mother told me **not** to eat snacks in bed.
  (母は私に寝床の中でお菓子を食べてはいけないと言いました)

(2) no を使った否定文

- He has **no** time to relax. [= He does**n't** have any time to relax.]
  (彼は息つく暇もありません)

> no ＝ not any と覚えておくとよいでしょう。なお、no は数えられる名詞にも数えられない名詞にも使うことができます。

- This is **no** easy task.
  (これは決して容易なことではありません)

(3) never を使った否定文

- I have **never** been abroad.
  (私は一度も海外に行ったことはありません)

> never は not よりも強い否定を表します。

- I will **never** do it again.
  (私は二度とそれをしないつもりです)

  > **never** の位置には注意が必要だぞ！ **never** は頻度を表す副詞だ。助動詞や be 動詞のあと、そして一般動詞の前に置くのが普通だぞ。

次の **(4)〜(6)** はすべて **「準否定語」** です。

(4) hardly/scarcely

程度について **「ほとんど〜ない」** の意味を表します。会話では hardly のほうがよく用いられます。

- I could **hardly [scarcely]** hear her.
  (私には彼女の言うことがほとんど聞こえませんでした)
- I can **hardly** wait to see you.
  (私にはあなたに会うことがほとんど待てません ➡ あなたに会うのが待ちきれません)

(5) rarely/seldom

頻度について **「めったに〜ない」** の意味を表します。会話では rarely のほうがよく用いられます。

- He **rarely [seldom]** watches TV.
  (彼はテレビをめったに見ません)

(6) few と little

どちらも名詞を修飾して **「ほとんど〜ない」** の意味を表します。

> few は「数」、little は「量」がほとんどないと覚えておくとよいでしょう。

- **Few** students passed the exam.
  (その試験に合格した生徒はほとんどいませんでした)
- ➡ **A few** students passed the exam. であれば、「その試験には数名の生徒が合格しました」の意味になります。

- There is **little** wine in the bottle.
（そのボトルにはワインがほとんどありません）
➡ There is **a little** wine in the bottle. であれば、「そのボトルにはワインが少しあります」の意味になります。

Exercise

1 日本語の意味に合うように（　）に適当な否定語を入れてください。

① The boy had (　) money with him on that day.
（その日、その少年は全く金を持ち合わせていませんでした）

② It (　) snows in this part of the country.
（この地方では決して雪は降りません）

③ I (　) listen to the radio.
（私はめったにラジオを聞きません）

④ I can (　) remember what I did last Saturday.
（先週の土曜日に何をしたかほとんど思い出せません）

⑤ The workaholic father has (　) time to spend with his family.
（その仕事中毒の父親は家族と過ごす時間がほとんどありません）

解答　1　① no
　　　② never
　　　③ rarely/seldom
　　　④ hardly/scarcely
　　　⑤ little

第48話 部分否定と全体否定

> 🔑 部分否定は例外を認める否定！

Ⓐ **A lot of people seem to know you, don't they?**
（多くの人があなたのことを知っているようね）

Ⓑ **Yes, but doesn't mean that I know all of them.**
（うん、でも彼ら全員を知っているというわけではないよ）

前回は否定と準否定について学びました。
今回は日本人が意外とよくまちがえる**部分否定**についてチェックしたいと思います。

「部分」ということは、
「全体」ではないということニャ？

そうですね。まず**「全体否定」**のほうのイメージですが、「すべてが〜でない」「どちらも〜ない」「常に〜ない」というように、すべてを否定することを言いますよね。たとえば、**I don't know anything about it.** と言えば、「私はそれについては何も知りません」という意味です。つまり、それについて知っていることはゼロ。I know nothing about it. と言いかえることもできます。
では、ここで1つ質問です。**I don't know everything about it.** と言えば、どんな意味になりますか？

everything は「すべてのもの、すべてのこと」っていう意味だから、え〜っと、「私はそれについてすべて知りません」って感じかニャ？

〈not + every 〜〉を
「すべて〜ない」と勘違いしてはダメだぞ！

そうですね。この〈not + every 〜〉こそが**部分否定**なのです。正しく訳すと、「私はそれについてすべてを知っているわけではありません」という意味になります。一部分だけを否定しているのです。会話例のⒷの doesn't 〜 all の部分も部分否定です。

ややこしい部分否定も こうすればスッキリわかる！

「文否定」には、「すべてが［両方とも／いつでも］〜とは限らない」と例外を認める否定〈**部分否定**〉と、「すべて［両方とも］〜ではない」と例外を認めない〈**全体否定**〉（全部否定や全否定、完全否定とも言います）とがあります。

次の２つの文を比較してみましょう。
- I do**n't** know **both** of them. ［**部分否定**］
 （私は彼らの両方［２人］とも知っているわけではありません）
- I do**n't** know **either** of them. ［**全体否定**］
 （私は彼らの両方［２人］とも知りません）
 ［＝I know **neither** of them.］

さらに、２つの文を比較してみましょう。違いがすぐにわかりますか。
- I do**n't** know **all** of the students. ［**部分否定**］
 （私はそれらの学生たち全員を知っているわけではありません）
- I do**n't** know **any** of the students. ［**全体否定**］
 （私はそれらの学生たちの誰も知りません）
 ＝I know **none** of the students.

部分否定は、**all**（すべて［の］）、**every**（すべての）、**both**（両方の）、**always**（いつも）、**necessarily**（必ず）、**quite**（全く）、**altogether**（全く）、**completely**（完全に）、**entirely**（完全に）などのような**「全体性」**を意味する語が**否定**されるときに起きます。

最後に、「**部分否定**」と「**全体否定**」の違いについて、次の例文を通してさらに理解を深めましょう。

- He is **not always** on time. [**部分否定**]
  （彼はいつも時間どおりに来るとは限りません）
- He is **never** on time. [**全体否定**]
  （彼は決して時間どおりには来ません）
- I do**n't quite** agree with you. [**部分否定**]
  （私はあなたに全く賛成というわけではありません⇒一部賛成できない所があります）
- I do**n't** agree with you **at all**. [**全体否定**]
  （私は全くあなたに同意できません）

第48話 部分否定と全体否定

Exercise

1 次の英語を日本語に訳してください。

① I don't like both of them.
② She didn't buy either of them.
③ Japanese don't always eat sushi.
④ He doesn't know anything about it.
⑤ Not all residents agreed with the decision.

解答 │ 1 ① 私はそれら［彼ら］の両方を好きというわけではありません。［部分否定］
　　　　② 彼女はそれらの両方とも買いませんでした。［全体否定］
　　　　③ 日本人はいつも寿司を食べているわけではありません。［部分否定］
　　　　④ 彼はそれについて何も知りません。［全体否定］
　　　　⑤ すべての住民がその決定に同意したわけではありませんでした。［部分否定］

Chapter 9 仮定法・否定

ここまで学んだら、
たいしたもんだぞ！

第49話 二重否定は肯定

マイナス×マイナス＝プラス！

Ⓐ **These days I lack confidence in my ability.**
（最近、俺、自分の能力に自信がないんだ）

Ⓑ **What are you talking about?**
There is nothing you can't do.
（何言ってるのよ？ あなたにできないことなんて何もないわ）

１つの文の中に否定語が２つあったとしたら…

わざわざそんな回りくどい文、作らなくていいニャ〜…

それを「二重否定」と言うぞ。

たしかに回りくどいかもしれませんが、言葉って、ときに回りくどく話したくなるときってありますよね？
日本語でもたとえば「イチローを知らない人なんかいるわけがない」なんて言うでしょ？

> ああ！
> あるある、そういう言い方するときって！

> 英語でもわりと**二重否定**を使うのです、これ。否定的な表現を**2つ重ねる**ことで、結果的に**肯定**の意味を表すことができます。

> 数学で、マイナスとマイナスをかけるとプラスになると習っただろ？ あれと同じだ！

> でも、どうしてそんな回りくどくするのかニャ？

> 肯定の意味合いを、より強くするためです。

マイナス×マイナス＝プラス！

「〜ない―は…ない」のように、否定が二度繰り返されることを「**二重否定**」と言います。〈否定（−）×否定（−）＝肯定（＋）〉と考えるとよいでしょう。

多くの場合、単なる肯定文よりも肯定の意味が強く響きます。

> 強く響くんだニャ！

- I **never** see you **without** thinking of my daughter.
  （あなたを見ると、いつも娘を思い出します）
  [＝I **never** see you **but** I think of my daughter.]

> 〈never〜but〉はかなり堅い表現なので、会話で使われることはほとんどないぞ！

> 第49話　二重否定は肯定

- There was **no one** who did**n't** eat the cake.
  (ケーキを食べなかった人は誰もいませんでした)
  [= Everyone ate the cake.]
- There is **no** rule **without** an exception.
  (例外のない規則はありません)
  [= Every rule has an exception.]

　not が語否定の場合は、たいてい単なる肯定よりも控えめな言い方になります。

- Such a phenomenon is **not unusual**.
  (このような現象は珍しいことではありません)
- It was **not unimportant** for me to understand their point of view.
  (彼らの視点を理解することは私にとって、取るに足らないことではありませんでした)

意味的に弱くなるんだニャ！

最後に、「**否定の慣用表現**」のうち、特に重要なものをいくつか紹介しておきます。

① 〈**no longer ～**〉（もはや～ない）

- You are **no longer** a child.
  (あなたはもう子供ではありません)
  [= You are **not** a child **any longer**.]

② 〈**anything but ～**〉（決して～でない）（= not ～ at all）

- The rumor is **anything but** true.
  (その噂は決して本当ではありません)

306

③ 〈nothing but ～〉（～にすぎない、ただ～だけ）
- He is **nothing but** an assistant.
  （彼はただの助手にすぎません）

④ 〈far from ～ [～ ing]〉（少しも～ない、～どころではない）
- They are **far from** happy.
  （彼らは少しも幸福ではありません）
- I was **far from** enjoying the party.
  （私はパーティーを楽しむどころではありませんでした）

⑤ 〈the last + 名詞 + to 不定詞 [関係代名詞節]〉
  （最も～しそうにない…、決して～するような…ではない）
- She is **the last** person to steal.
  （彼女は決してモノを盗むような人ではありません）
  [= She is **the last** person **who** would steal.]

⑥ 〈never fail to ～〉（必ず～する）
- He **never fails to** brush his teeth every night.
  （彼は毎晩必ず歯を磨きます）

⑦ 〈not ... until ～〉（～まで…ない、～して初めて…する）
- I did**n't** notice it **until** yesterday.
  （昨日までそれに気づきませんでした）

次のように強調構文の形で使われることも多いです。

➡ **It was not until** yesterday **that** I noticed it.
  （昨日になって初めて私はそれに気づきました）

第49話 二重否定は肯定

⑧ 〈It will not be long before 〜〉（まもなく〜するだろう）
- **It won't [will not] be long before** it starts snowing.
（まもなく雪が降り始めるでしょう）

⑨ 〈cannot ... too 〜〉（いくら〜してもしすぎることはない）
- You **cannot** be **too** careful in choosing your friends.
（友達を選ぶときには、いくら注意してもしすぎることはありません）

⑩ 〈have [be] yet to 〜〉（まだ〜していない）
- I **have [am] yet to** meet my new homeroom teacher.
（新しい担任の先生にはまだ会っていません）
[＝I haven't met my new homeroom teacher.]

> この表現では、have の代わりに be 動詞 (am) を使うこともできます。

ばつ と ばつ で 2重マル！
✕ と ✕ で ◎

Exercise

1 次の英語を日本語に訳してください。

① There is nobody who doesn't know his name.
② No one can live without water.
③ I never watch this movie without crying.
④ It's not uncommon to see deer here.
⑤ He would be the last person to tell a lie.

解答 1　① 彼の名前を知らない人は誰もいません。
　　　② 誰も水なしでは生きることはできません。
　　　③ この映画は涙なしで見ることができません。
　　　④ この地で鹿を見ることは珍しいことではありません。
　　　⑤ 彼は決して嘘をつくような人ではありません。

Coffee Break

前置詞は奥が深〜い！

🐷 Walk two blocks down the street. って言われたんだけど、その道はぜんぜん坂になってなかったニャ。どうしてだニャ？

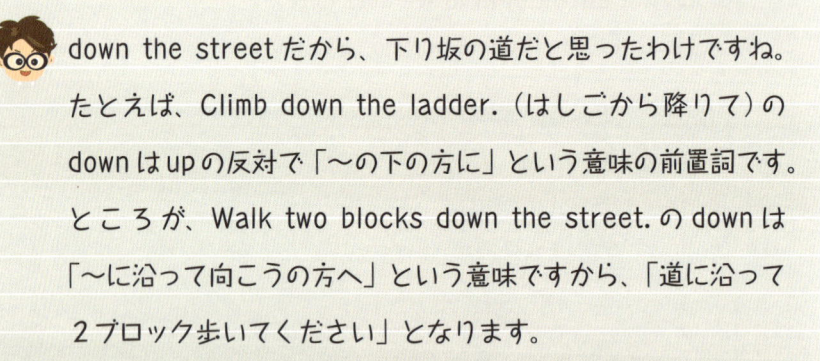

🧑 down the street だから、下り坂の道だと思ったわけですね。たとえば、Climb down the ladder.（はしごから降りて）の down は up の反対で「〜の下の方に」という意味の前置詞です。ところが、Walk two blocks down the street. の down は「〜に沿って向こうの方へ」という意味ですから、「道に沿って2ブロック歩いてください」となります。

🐱 Mr. Smith's office is down the hall.（スミスさんのオフィスはこの廊下の先にあります）と一緒の使い方だぞ！

🧑 そうですね。この場合の down は、話し手から離れて行く方向を指すもので、地形的な高低にはまったく関係がないんです。down には、さらに「〜を南に」や「〜以来ずっと」などの意味もありますよ。

🐷 そうなのかぁ。前置詞って、奥が深いんだニャン！

Chapter 10

話術を高める

英語を話すための技術が
自然と身につきます。

第50話 時制の一致

key 時制の一致が起きないときもある！

Ⓐ So, what did your teacher say about Columbus?
（それで先生はコロンブスのことをどう言っておられたの？）

Ⓑ She said that he discovered America in 1492.
（先生は、コロンブスが1492年アメリカを発見したと言ってたよ）

「時制の一致」って言葉を知っていますか？

まあ、だいたいは…

主節と従属節を知る必要があるぞ。

くっ、またむずかしい言葉をひっさげて出てきた…

- 節は **I think** that **he will come again**. の文ではどこだ？

- かってに授業、進めんニャ！

- 青い文字と赤い文字のところだ！

- へえ～。
  2つもあるんだニャ。

- はい、I think（私は～と思います）が**主節**で、接続詞 that に導かれている he will come again が**従属節**です。
  つまり、1つの英文の中で主従関係に成り立っているわけです。意味はどうでしょう？

- えっ～と、
  「私は彼はまた来ると思います」って感じかニャ？

- はい。それでは、I think の部分を I thought と過去形にすると、つづく that 節はどう変わるでしょうか？

- えっ？
  that 節を変えなきゃいけないのニャ？

- そうなんです。これが**時制の一致**なのです。I thought とすると、過去に視点が移動します。すると、主節の動詞 thought だけでなく、従節の助動詞 will も過去形になります。

- would になるぞ。

Chapter 10　話術を高める

313

そうですね。ところが、いつも時制の一致が起きるとは限らないのです。たとえば、会話例の⒝では、She said のうしろの that 節の部分が過去完了の he had discovered になるかと思えば、そうはなっていませんね。今回は、時制の一致が起きない場合についても、考えてみたいと思います。

時制の一致にはすぐ慣れる！

「時制の一致」とは、**主節の動詞**と**従属節の動詞**との間に生じる時制の一致関係のことです。

まず、次の2つの場合を考えてみましょう。
- (A) He **says** that he **loves** steak.
　　（彼はステーキが好きだと言います）
　　　says ➡ 過去形 said
　- He **said** that he **loved** steak.
　　（彼はステーキが好きだと言いました）

- (B) I **think** she **called** him.
    (彼女は彼に電話をしたと思います)
    think ➡ 過去形 thought
- I **thought** she **had called** him.
    (彼女は彼に電話をしたと思いました)

> もともと過去形であれば、さらに深く過去完了形にします。

時制の一致の原則は、次のようにまとめることができます。
(1) 主節の動詞が現在・現在完了・未来の場合、時制の一致は行われず、従属節の動詞の時制は自由です。
(2) 主節の動詞が過去・過去完了の場合、従属節の動詞の時制は次のように変化します。

① 現在 ➡ 過去
② 過去 ➡ 過去完了または過去
　現在完了 ⎫
　過去完了 ⎬ ➡ 過去完了
③ 未来 ⎫
　未来完了 ⎬ ➡ 過去形の助動詞
　助動詞 ⎭

> 従属節の助動詞が時制の一致を受ける場合、次の助動詞は過去形になります。will → would, shall → should, can → could, may → might

> 次の助動詞は時制の一致を受けないぞ。must, need, ought to, used to, would, should, could, might, had better など

一方で、**「時制の一致を受けない例外」**についてもご紹介しておきましょう。次の (1)(2) では時制を一致させることも可能ですが、実際には時制の一致を適用しないのが普通です。

第50話 時制の一致

(1) 一般的な事実や普遍的な真理を表すとき
- They **were taught** at school that three times two **is** six.
 （彼らは学校で3×2＝6と教わりました）
- We **learned** that water **consists** of hydrogen and oxygen.
 （私たちは水は水素と酸素から成っていることを学びました）

(2) 現在の習慣や状態・事実を表すとき
- Taro **knew** that Washington D.C. **is** the capital of the United States.
 （太郎はワシントンD.C.がアメリカ合衆国の首都であることを知っていました）
- Martha **said** that she never **goes** out late at night.
 （マーサは夜更けに一人歩きは絶対にしないと言いました）

(3) 歴史上の事実を表すとき
- Every student **knew** that the Civil War **ended** in 1865.
 （すべての生徒が南北戦争は1865年に終わったということを知っていました）
- We **were taught** that Chopin **was** born in Poland.
 （私たちはショパンがポーランドの生まれだと教わりました）

(4) 仮定法が使われているとき
- I **suggest** that he **give** up smoking.
 （私は彼が禁煙することを勧めます）【仮定法現在】
- ➡ I **suggested** that he **give** up smoking.
 （私は彼が禁煙することを勧めました）
- I **wish** I **were** rich.
 （お金持ちだったらいいのに）【仮定法過去】
- ➡ I **wished** I **were** rich.
 （お金持ちだったらいいのにと思った）

仮定法の体系が崩れては困るので、時制の一致をさせません。

Exercise

1 次の各文の（ ）内の（助）動詞を適当な形に変えてください。

① I thought she (will) come back soon.
② We were taught that World War II (break) out in 1939.
③ Brian said that if he had a lot of money he (can) buy a house.
④ We learned that the earth (move) around the sun.
⑤ I said the plan (be) very effective.

解答 1　① would
（私は彼女がすぐに戻って来るだろうと思いました）
② broke
（私たちは第二次世界大戦は1939年に起こったと教えられました）
③ could
（ブライアンは「お金をたくさん持っていれば家を買えるのに」と言いました）
④ moves
［過去形の moved としても誤りではありませんが、moves とするのが普通です］
（私たちは地球が太陽の周りを回っていることを学びました）
⑤ was
（私はその計画は非常に効果的だと言いました）

第51話 話法で英会話が引き立つ！

key: 話法には直接話法と間接話法の2種類がある！

Ⓐ **My parents asked me what I wanted for my birthday.**
（両親は私に誕生日に何が欲しいかを尋ねたのよ）

Ⓑ **So, what did you ask for?**
（それで、何をお願いしたの？）

I am sleepy.

He said he was sleepy.

ここでは**「話法」**についてお話ししましょう。まず人が述べた言葉や思想を伝える方法を話法と言うのですが、英語には**直接話法**と**間接話法**の２つがあります。

直球とカーブみたいなもの？

直接話法は、その人の言った言葉をそのまま伝える方法です。なので、たしかに直球ですね。たとえば、

He says, "I'm always busy."

のような文です。

カーブのほうは？

間接話法は、その人の言った言葉を話し手の立場で言いかえて伝える方法です。たとえば、先ほどと同じ内容の例文を使うと、

He says (that) he is always busy.

となります。　※that は省略可能

これはカンタンだニャ。

では、She said, "I bought this bag yesterday." を間接話法に変換してみよ！

She said (that) she bought this bag yesterday.
だニャ。

第51話 話法で英会話が引き立つ！

ちがう！ yesterday が yesterday のままだぞ！
何か変だぞ！

そう言われると、そうだニャ。

人称代名詞の I が that 節中で she に変わるというのは正解でしたね。ただし、ここでは時制の一致が起こり、she had bought となることを忘れてはいけません。また、指示代名詞の this は that になります。
直接話法では目の前にあるものは this でよいのですが、間接話法ではそれは目の前にあるわけではないので、that を用いて that bag（そのバッグ）となるわけです。

そうだったニャ。

そしてもう1つの問題が yesterday です。間接話法では彼女がそのバッグを買ったのは発言の前日ということですね。よって、the day before または the previous day と言うべきだったのです。正解をまとめると、こうなります。

She said (that) she had bought that bag the day before.

あるいは

She said (that) she had bought that bag the previous day.

会話例のⒶにも間接話法が使われています。それでは、もう少し詳しく2つの話法を見ていきましょう。

比較して覚える話法！

人が述べた言葉や考えなどを伝える方法のことを**「話法」**と言います。話法には、発話者の言葉をそのまま伝える**「直接話法」**と、発話者の言葉を話し手（自分）の言葉に直して伝える**「間接話法」**の２種類があります。

- She said, "It's snowing."　**[直接話法]**
  （「雪が降っている」と彼女は言いました）
- She said (that) it **was** snowing.　**[間接話法]**
  （彼女は雪が降っていると言いました）

> say を初め、tell、ask、inquire などのように話を伝える動詞のことを**「伝達動詞」**と言うぞ。

さて、話法を変えることを**「変換」**と言いますが、話法の変換のやり方について、主なパターンを紹介します。直接話法と間接話法とでどこがどうちがうかを注意して見てください。

①平叙文の場合

- Mike **said to** me, "I'm very hungry."　**[直接話法]**
  （「僕はとても腹がへっている」とマイクは私に言いました）
- Mike **told** me (that) **he was** very hungry.　**[間接話法]**
  （マイクはとても腹がへっていると私に言いました）

②疑問文の場合

〈1〉wh 疑問文の場合

- Sue **said to** me, "**When** will you go to Mexico?"　**[直接話法]**
  （スーは私に「あなたはいつメキシコに行きますか」と言いました）
- Sue **asked** me **when I would** go to Mexico.　**[間接話法]**
  （スーは私にいつメキシコに行くのか尋ねました）

〈2〉yes/no 疑問文の場合

- Lisa **said to** me, "**Will** it rain **tomorrow**?" [直接話法]
（リサは私に「明日は雨が降りますか」と言いました）
- Lisa **asked** me **if** it **would** rain the next day. [間接話法]
（リサは次の日は雨が降るかどうかを私に尋ねました）

> if でつなぐ方が普通ですが、代わりに whether を使うこともできます。

③命令文の場合

- My mother **said to** me, "**Clean** your room." [直接話法]
（母は私に「部屋を掃除しなさい」と言いました）
- My mother **told** me **to clean** the room.
（母は私に部屋を掃除するように言いました）

直接話法と**間接話法**の間で**話法の転換**をする場合、人称代名詞以外にも、指示語や、場所を表す表現、時を表す表現なども変化します。代表的なものをまとめておきます。

直接話法	間接話法
this（これ、この）	that（それ、その）
these（これら、これらの）	those（それら、それらの）
here（ここに）	there（そこに）
now（今）	then（そのとき）
today（今日）	that day（その日）
tonight（今夜）	that night（その晩）
last night（昨晩）	the night before（その前の晩）
tomorrow（明日）	the next day または the following day（その翌日）
yesterday（昨日）	the day before または the previous day（その前日）
next week（来週）	the next week または the following week（その次の週）
last month（先月）	the month before または the previous month（その前の月）
～ ago（今から～前）	～ before（その時から～前）

Exercise

1 次の各文を直接話法の文に書き換えてください。

① I said (that) I was interested in world history.
② I asked Betty how long she had lived in Japan.
③ He told me to wait there until he came back.

2 次の各文を間接話法の文に書き換えてください。

① He said to me, "Where are you from?"
② She said to me, "Can I borrow your pencil?"
③ The teacher said to the students, "Don't sleep in class."

解答

1
① I said, "I am interested in world history."
（私は「私は世界史に興味を持っています」と言いました）
② I said to Betty, "How long have you lived in Japan?"
（私はベティーに「あなたは日本にどれくらい住んでいますか」と言いました）
③ He said to me, "Wait here until I come back."
（彼は私に「帰って来るまでここで待っておいてくれ」と言いました）

2
① He asked me where I was from.
（彼は私がどこの出身かを尋ねました）
② She asked me if she could borrow my pencil.
（彼女は私の鉛筆を借りてもよいかどうか尋ねました）
③ The teacher told the students not to sleep in class.
（先生は生徒に授業中に居眠りをしないように言いました）

第52話 無生物主語って理科?

key 無生物を主語、人を目的語にする形の文とは?

Ⓐ **Should I take the train or bus to get there?**
（そこへは電車かバスのどちらで行くべきかなあ）

Ⓑ **Definitely train.
It'll save you a lot of time.**
（絶対に電車よ。それだとずいぶん時間を節約できるわよ）

いつも主語を I や You など人称代名詞で始めるのは、つまらないぞ！

もちろん、人から始めてもよいのですが、**モノ（無生物）を主語**にすることも、よくあることですね。

それって英語らしいのかニャ？

はい、とっても英語らしいんですよ。

それなら、安心ニャ。

たとえば、

①この写真を見ると、フロリダへの家族旅行を思い出します。
②この道を行けば、駅に着きますよ。
③天気が悪かったので、私たちはハイキングに行くことができませんでした。

さあ、英語にしてみてください。

① When I see this picture, I remember our family trip to Florida.
② If you take this road, you will get to the station.
③ Because the weather was bad, we couldn't go on a hike.

でどうニャ？

第52話 無生物主語って理科？

英作文としては素晴らしい出来ですね。
でも、会話だと、ちょっと回りくどく感じます。

つまり、ここで
そのモノを主語にする技を使うわけだニャ？

そうなんです。すると、

① This picture reminds me of our family trip to Florida.
② This road takes you to the station.
③ The bad weather stopped us from going on a hike.

となります。

おっ、文字数へったニャ。
こっちのほうが、簡単だニャ。

人を主語にせず、
①写真、②道、③悪天候を主語にした結果です。

そのような主語を「**無生物主語**」というぞ！

モノが主語になり、人が目的語になるパターンです。
会話例の⑧の It'll save you a lot of time. にも**無生物主語構文**が使われていますね。
とてもシンプルですが、よく伝わります。

これがネイティブ英語特有のキレ味だぞ。

326

無生物主語構文とは？

文字どおり人や生き物以外の**「無生物」を主語**にして、**人を目的語**にした構文のことです。

雪が降っていたために、**私たちは**外出できませんでした。
➡ **雪が**私たちを外出させなかった。

We couldn't go out because of the snow.
➡ **The snow** stopped us from going out.

無生物主語構文の中で最もよく使われるのが、次の２つの用法です。
(1) 原因・理由を表す　（〜のために、〜の理由で）
- Because the weather was bad, we couldn't go on a hike.
（天気が悪かったので、私たちはハイキングに行くことができませんでした）

無生物化 ➡ **The bad weather stopped [kept/prevented]** us **from** going on a hike.

さらに、次のように表現することもできます。

> 会話では stopped や kept がよく使われます。prevented は少し堅い表現です。

- **The bad weather made** us cancel our hike.
- **The bad weather caused [forced]** us **to** cancel our hike.

(2) 条件・手段・方法を表す　（〜すれば、〜によって）
- If you take this road, you will get to the station.
（この道を行けば、駅に着きますよ）

無生物化 ➡ **This road takes** you to the station.

327

[第52話] 無生物主語って理科？

- If you walk on this path for a few minutes, you will see the beach.
  （この小道を数分歩けば、浜辺が見えてきますよ）

  無生物化 ➡ **A few minutes' walk on this path** will **lead** you to the beach.

- If you look at this map, you will know the way to the city hall very well.
  （この地図を見れば、市役所への道がとてもよくわかりますよ）

  無生物化 ➡ **This map shows** you the way to the city hall very well.

- When I see this photo, I always remember my college days.
  （この写真を見ると、私はいつも大学時代を思い出します）

  無生物化 ➡ **This photo** always **reminds** me **of** my college days.

(3) 〈enable + O + to 不定詞〉（～のおかげで…できる）

- Thanks to his advice, I was able to complete my homework.
  （彼の助言のおかげで、私は宿題を終えることができました）

  無生物化 ➡ **His advice enabled** me **to** complete my homework.

(4) 〈～ says (that) ...〉（～によると、…だそうです）

- According to today's paper, a big typhoon is approaching.
  （今日の新聞によると、大型の台風が接近中だそうです）

  無生物化 ➡ **Today's paper says** (that) a big typhoon is approaching.

(5) 疑問詞 (what) を主語にして理由を聞く （なぜ、どうして）

- Why do you think so?

  （あなたはなぜそう思うのですか）

  無生物化 ➡ **What makes** you think so?

- Why did you come to Japan?

  （どうして日本に来たのですか）

  無生物化 ➡ **What brought** you to Japan?

  ➡ **What made** you decide to come to Japan?

> 相手に日本に来たきっかけを聞く場合、Why ～？
> では、少しぶしつけな感じがするぞ！

Exercise

1 次の日本語を無生物主語構文を用いて、英訳してください。

① 大雪のせいで、私たちは外出できませんでした。
② このバスに乗れば、あなたは空港へ行けます。
③ この写真を見ると、高校時代を思い出します。
④ コーヒーを飲み過ぎたために、昨夜は眠れませんでした。
⑤ なぜあなたはそのようなことを言ったのですか。

解答 1 ① The heavy snow prevented us from going out.
② This bus will take you to the airport.
③ This picture reminds me of my high school days.
④ Too much coffee kept me awake last night.
⑤ What made you say such a thing?

第53話 ひっくり返すと何になる？

key: 強調のための倒置と文法上の倒置！

Ⓐ **How much longer do I have to wait for the bus, Mom?**
（ママ、バスが来るまであとどれくらい待たなきゃいけないの？）

Ⓑ **There comes our bus!**
（ほら、あそこに私たちのバスが来てるわよ）

会話例のⒷを見てください。
なにかヘンだと思いませんか？

There is 〜、There are 〜という文はなじみがあるけどニャ、There が主語で comes が述語ってのは、なにか変だニャ〜。

実は、これでいいんです。

🐱 でも、Our bus comes there. のほうが、よくニャい？

👦 これは、「ほら、あそこに私たちの(乗る)バスが来ているよ」と there の部分をあえて文頭に回しているのです。There comes our bus! と。相手の注意を引くためです。

😾 これを「倒置」というんだぞ！ 覚えてないのか？

🐱 倒置？
聞いたことあるような・・・

👦 逆さにするという意味でしたね。同じく、Here comes the train!(ほら、列車が来たよ) という文も同じタイプの倒置文です。come や go のような動詞は、here や there のような「方向の副詞」と一緒によく使われるのです。「ほら、バスが出るよ」であれば、There goes the bus. です。

🐱 あえて逆さ＝倒置にすることで、強調しているわけだニャ。

違和感があってかえって目立つなぁ

強調のための倒置

〈主語＋(助)動詞〉の語順が、〈(助)動詞＋主語〉の順になることを「倒置」と言います。

(1) 強調のための倒置

① 〈否定を表す副詞（句）＋ V ＋ S〉

否定語句を強調するために文頭に出すと倒置が起こります。一般的に文章体です。

- I have never eaten such a delicious apple pie.
  （こんなに美味しいアップルパイは一度も食べたことがありません）
- ➡ **Never have I** eaten such a delicious apple pie.
- She had hardly left home when it began to rain.
  （彼女が家を出たとたんに雨が降ってきました）
- ➡ **Hardly had she** left home when it began to rain.

② 〈場所や方向を表す副詞（句）＋ V ＋ S〉

場所や運動の方向を表す副詞語句が強調のために文頭に出ると、倒置が起こります。

- Frank sat down on my right side.
  （私の右側に座ったのは、フランクでした）
- ➡ **On my right side** sat down Frank.
- The man walked into the dark room.
  （暗い部屋の中に男は歩いて入りました）
- ➡ **Into the dark room** walked the man.

> 注意！ 主語が人称代名詞の場合は、倒置は起こりません。

- ➡ **Into the dark room** he **walked**.　[he ＝人称代名詞]

③〈come/go＋方向の副詞〉
- **Here comes the bus**!
（さあ、バスが来たよ）
➡ **Here** it **comes**!　［it＝指示代名詞］
（さあ、来たよ）

注意！ 指示代名詞の場合も、倒置は起こりません。

- The rain came down.
（雨が降ってきました）
➡ **Down came the rain**.

④ so、neither、nor で始まる文
- I'm tired. — **So am I**.
（私は疲れています―私もです）
- I can't swim. — **Neither [Nor] can I**.
（私は泳げません―私もです）

⑤ so や such など程度の副詞で始まる文
- The story was so touching that I could hardly hold back my tears.
（その話はあまりにも感動的だったので、私はほとんど涙をこらえることができませんでした）
➡ **So touching was the story** that I could hardly hold back my tears.
- Her anger was such that she lost control of herself.
（彼女の怒りはあまりにも激しかったので、自制心を失ってしまいました）
➡ **Such was her anger** that she lost control of herself.

(2) 文法上の倒置

① 疑問文を作るとき

- **Can you** help me with that?
  (それを助けてもらえますか)
- **Have you** visited there?
  (そこを訪れたことがありますか)
- What **did you** see there?
  (そこで何を見ましたか)
- ➡ **Who broke** the window?
  (誰が窓を壊しましたか)

> 注意！ 疑問詞が主語になる場合は、倒置は起きません。

② if の省略

> if節のifを省略すると、倒置が起こります。一般的に文章体です。

- If I were you, I would not accept his offer.
  (私があなたならば、彼の申し出には応じないでしょう)
- ➡ **Were I** you, I would not accept his offer.
- If you should change your mind, please let me know.
  (万一気が変わるようなことがあれば、お知らせください)
- ➡ **Should you** change your mind, please let me know.

> if節中に should を用いるときは、「万一〜ならば」という意味で、実現の可能性が低い仮定を表すぞ。

③ may を用いた祈願を表す文

- **May God** bless you.
  (神様があなたを祝福されますように ➡ 神様のご加護がありますように)
- **May the new year** bring you happiness!
  (新年もよい年でありますように)

Exercise

1 次の各文を太字体の部分を強調する倒置文に書き換えてください。

① She **rarely** smiles.
② She had **no sooner** entered the house than the telephone rang.
③ I did not hear the news **until today**.
④ The sports car drove **away** at full speed.
⑤ The movie was **so scary** that I couldn't sleep all night long.

解答 **1** ① Rarely does she smile.
(彼女はめったに笑顔を見せません)
② No sooner had she entered the house than the telephone rang.
(彼女が家に入るとすぐに電話が鳴りました)
③ Not until today did I hear the news.
(今日になって初めてそのニュースを聞きました)
④ Away drove the sports car at full speed.
(そのスポーツカーはフルスピードで走り去りました)
⑤ So scary was the movie that I couldn't sleep all night long.
(その映画はあまりにも怖かったので、私は一晩中眠れませんでした)

第54話 It is〜that で強調してみる

key 名詞・代名詞・副詞を強調する構文！

Ⓐ **Did your parents buy you this brand-new car?**
（あなたの両親があなたにこの新車を買ってくれたの？）

Ⓑ **No. It was my grandfather who bought it for me.**
（ううん。それを僕に買ってくれたのは祖父だよ）

It is 〜で始まって、that ... がつづく英語表現って多いニャ。あれも言えるようになりたいニャ〜。

前回学んだ倒置と同じく、It is 〜 that ... は強調するための構文で、会話でもよく用いられます。会話例のⒷを見てください。

It was 〜 who ... の形だニャ。

336

はい、後半は第 35 話で学んだ that や who など関係詞が入ります。祖父が it（新車）を買ってくれた、と言っているのですから、

　　My grandmother bought it for me.

でもいいわけです。

それを、あえて、ちがった風に言っているということは…

My grandmother を強調したかったんだぞ。

はい、誰が買ってくれたのかを強調するために、It was 祖父 who 〜 . にしているのですね。ここでは強調する名詞が人なので、who が分かりやすいですが、代わりに that を使っても OK です。

この構文を「強調構文」と呼ぶぞ！

〈It is 〜 that ...〉は〜に強調したいものを入れる！

　It is 〜 that ... の「強調構文」では、**〜の位置に強調したい語句を入れる**わけですが、〜に入るのは、名詞と代名詞、そして副詞に限られます。この構文では、**「動詞や形容詞を強調することはできない」**ことも覚えておいてください。

第54話 It is〜that で強調してみる

> 〜には、名詞・代名詞・副詞が入るわけだが、名詞句・名詞節や副詞句・副詞節も入るぞ！

> それでは、次の英文を見てみましょう。

<u>Jeff</u> caught <u>a huge trout</u> <u>in this lake</u> <u>yesterday</u>.
主語　　　　目的語　　　　副詞句　　　副詞

（ジェフは昨日この湖で巨大なマスをつかまえました）

4つの下線部をそれぞれ強調する文を作ってみましょう。

> ゲッ！ そんなに？

- (A) **It was Jeff that** caught a huge trout in this lake yesterday.

> that の代わりに、who でも OK だぞ。

- (B) **It was a huge trout that** Jeff caught in this lake yesterday.

> that の代わりに、which でも OK だぞ。

- (C) **It was in this lake that** Jeff caught a huge trout yesterday.
- (D) **It was yesterday** Jeff caught a huge trout in this lake.

> 口語では It is [was] 〜 that ... の that が省略されることもあります。(A) のように主語が強調される場合は、that を省略することはできませんが、それ以外の (B) 〜 (D) の文では、すべて that を省略することができます。上記の (A) 〜 (D) のような過去の文についても、It is 〜 that ... とすることは可能ですが、意味上 It was 〜 that ... とするのが自然です。

この強調構文と似ているけれども、まったく異なる構文も補足しておきましょう。次の2つの英文は強調構文ではありません。なぜだかわかりますか？

- (E) **It is important that** parents discipline their children.
  （親が自分の子供をしつけることは重要です）
- (F) **It was a pity that** Kevin couldn't come to our party.
  （ケヴィンが私たちのパーティーに来られないのは残念でした）

さて、(A)〜(D) と、(E)〜(F) とを比べてどのような違いに気づきましたか？　大きな違いは次の2点です。

(A)〜(D) は名詞が入るけど、(E)〜(F) は形容詞が入ってるニャ。

(A)〜(D) は強調構文、(E)〜(F) は形式主語構文だぞ。

そうですね。見分け方としては、
① It is [was] と that を取り除き、残りの部分の語順を元に戻したとき、完全な文になれば**強調構文**です。(A)〜(D) は大丈夫ですね。不完全な文であれば、**形式主語構文**です。
② It is [was] と that の間に名詞・代名詞・副詞が入れば、**強調構文**です。(E) は形容詞 (important)、(F) は名詞 (a pity) が間に入っていますね。**形式主語構文**の場合には、間に形容詞または名詞しか来ません。

第54話 It is ~ that で強調してみる

Exercise

1 次の日本語を強調構文（It is [was] ~ that ...）を用いて、英訳してください。下線部分が強調すべき箇所です。

① 昨日私が駅で見かけたのはジョンでした。
② 昨日私がジョンを見かけたのは駅でした。
③ 私が駅でジョンを見かけたのは昨日でした。

2 次の日本語を強調構文（It is [was] ~ that ...）を用いて、英訳してください。下線部分が強調すべき箇所です。

① 電話に出たのは、私の妹でした。
② 彼に謝らなければいけないのは、あなたです。
③ 私が彼女にプロポーズしたのは、公園でした。

解答 **1** ① It was John that I saw at the station yesterday.
② It was at the station that I saw John yesterday.
③ It was yesterday that I saw John at the station.

2 ① It was my sister who [that] answered the phone.
② It is you that [who] must apologize to him.
③ It was in a park that I proposed to her.

Chapter 10 話術を高める

第55話 do を用いた強調

key: doを用いた強調、強意語の使用、疑問詞の強調など！

Ⓐ **I don't like insects at all.**
（僕は昆虫が全然好きじゃないんだ）

Ⓑ **Me neither. But I do like cats.**
（私もよ。でも、猫はすごく好きよ）

But I do like cats.

英語表現を豊かにするために、英会話でよく使う強調表現をもう少し見ておきましょう。たとえば、会話例の Ⓐ には、I don't like insects at all. とあります。まずこの at all（全く）も強調フレーズの一つです。

あたしも、あまり好きじゃないニャ。
まとわりつかれると、かゆいんだもん。

…。Ⓐの文は not がある否定文ですね。not 〜 at all という形で否定の意味を強調しています。「少しも〜ない」という意味ですね。

はい。
その否定文に対して、
Ⓑは Me neither. と言っているニャ。

これは「私も〜ない」っていう意味で、相手の主張に同調しているわけです。

I don't, either. とも言えるぞ。

はい、そうですね。さて、その次の But I **do** like dogs. の do はどういう意味か、ネコ姫さんはわかりますか？

動詞 like の前に do？
えっ？ この do ってニャンなの？

この **do** は助動詞だぞ！

343

第55話 doを用いた強調

こんなところに助動詞…？

do という助動詞があると、続く動詞の like はいつも原形になります。**助動詞 do** の意味は「**本当に〜する**」「**確かに〜する**」で、これで続く動詞を強調できるのです。

すごくカンタンだニャ！

この do は場合によっては、does や did になったりします。主語の人称や時制に合わせてくださいね。会話の中では、この **do/does/did** を**強めに発音**してください。

動詞の前にdoをつけるだけ！

ここでは、「**強調**」の方法として5つのパターンを見ていきましょう。

(1) 助動詞 do を用いた強調（本当に［確かに］〜する［した］）
- I **do** hope you'll get better soon.
  （**本当に**早く回復なさいます**ように**）
- She **does** talk a lot.
  （彼女は**本当に**よくしゃべりますね）
- I **did** call him this morning.
  （彼には今朝**確かに**電話しましたよ）
- **Do** come and see us again.
  （また**ぜひ**遊びに来てください）

344

- **Do** be careful.
  (**本当に**気をつけてくださいね)

> 命令文の場合も、doを動詞の前に置くぞ！

(2) 形容詞・副詞の強調

very のように形容詞・副詞を強調するときに用いられる語を「**強意語**」と言います。very の他にも、**highly**、**quite**、**pretty**、**rather** などは「かなり」、**amazingly**、**remarkably**、**surprisingly** などは「驚くほど」、**extremely**、**awfully**、**terribly** などは「たいへん、ひどく」、**absolutely**、**totally**、**completely**、**utterly** などは「全く、すっかり」などの意味で用いられます。

- The exam was **quite** difficult.
  (その試験は**かなり**難しかったです)
- It's **terribly** hot today, isn't it?
  (今日は**ひどく**暑いですよね)
- You're **absolutely** right.
  (**全く**あなたの言うとおりです)

(3) 比較級・最上級の強調

比較級を強調するときは、**a lot**、**even**、**far**、**much**、**still** などが用いられます。**最上級**を強調するときは、**far**、**much**、**by far** などが用いられます（詳しくは第32話を参照）。

- This dictionary is **much** better than that one.
  (この辞書はあの辞書よりも**はるかに**良いです)
- Roe is **by far** the best player on the team.
  (ロウはチームの中で**ずば抜けて**優秀な選手です)

(4) 疑問詞の強調

疑問詞の直後に **ever**、**on earth**、**in the world** などを付けて、疑問詞を強調します。「**いったい〜、一体全体〜**」のような意味になります。

- **What on earth** is she doing?
  (**いったい**彼女は何をしているのですか)
- **What in the world** were you thinking?
  (**一体全体**何を考えていたのよ？)

(5) 否定の強調

　at all（全く、少しも）、**in the least**（全く、少しも）、**a bit**（全く、少しも）、**by any means**（決して～でない）などの語句を**否定文の中で**用いて、否定の意味を強調します。

- I'm **not** interested in politics **at all**.
  (私は政治には**少しも**興味がありません)
  - [= I'm **not** interested in politics **in the least**.]
  - [= I'm **not a bit** interested in politics.]
- She does**n't** look over 60 **by any means**.
  (彼女は**とても**60過ぎには見えません)

Exercise

1 日本語の意味に合うように（　）に適当な語（句）を下の語群 a～j の中から選んで入れてください。ただし、文頭に来る語も小文字で示しています。

① The method is simple but (　) effective.
（その方法は簡単ですが、驚くほど効果があります）

② The homework was (　) difficult.
（その宿題は極端に難しかったです）

③ (　) have some more cake.
（ぜひもう少しケーキを召し上がってください）

④ It was (　) cheaper than I thought.
（それは思っていたよりもずっと安かったです）

⑤ He (　) want to get the job.
（彼は本気でその仕事に就きたいと思っています）

⑥ Baseball is (　) the most popular sport in Cuba.
（野球はキューバで飛び抜けて一番人気のあるスポーツです）

⑦ That's what you (　) say.
（あなたは確かにそう言いました）

⑧ It was (　) different from what I had expected.
（それは私が期待したものとは全く違っていました）

⑨ He is not interested in sports (　).
（彼はスポーツには少しも興味がありません）

⑩ How (　) did that happen?
（いったいどうしてそんなことが起きたのですか）

a. by far　b. did　c. at all　d. totally　e. surprisingly
f. do　g. extremely　h. a lot　i. on earth　j. does

解答　1　① e　② g　③ f　④ h　⑤ j
　　　　　⑥ a　⑦ b　⑧ d　⑨ c　⑩ i

347

第56話 反復による強調表現の技

key 再帰代名詞、同一語句の反復、関係詞を用いた強調！

Ⓐ **You solved the problem yourself. Good job!**
（その問題を自分で解いたんだな。よくやったぞ！）

Ⓑ **Yeah, I tried and tried over and over, and finally I did it.**
（うん、何度も何度も繰り返し頑張ってみたら、ついにできたの）

人とコミュニケーションをとるとき、大切なことはいくら強調しすぎてもしすぎることはありませんね。
英会話でも強調表現は必須です。さらなるバリエーションに触れておきましょう。

とっさのときに役立つもんニャ。

それでは覚えやすくて、重要な技をご紹介しましょう。まず、会話例のⒶのYou solved the problem **yourself**. をご覧ください。yourself のことを‥‥

「再帰代名詞」というぞ。

へ？　サイキ？

再帰代名詞とは、**「〜自身」**を意味する語のことです。yourself のように人称代名詞に self を付け、自分自身を表します。

複数形は selves だぞ。

再帰代名詞は、**強調**のためによく用いられます。

　She made all those cookies herself.
　（彼女がそれらのクッキーを全部自分で作りました）

この herself もそうです。もちろん、これらの文の yourself と herself は、それぞれ主語の You と She を強調しているわけです。

ってことは、会話の場合は、この再帰代名詞の部分を強く発音すればいいのかニャ？

そのとおりです。では次に、ⒷのI tried and tried over and over 〜の文を考えてみましょう。ここにも強調の技が隠されていますよ。

> tried and tried の部分は、and で結んで繰り返しているニャン。

> はい。そのあとの over and over も同じく and で結んでくり返していますね。これでばっちり強調しているわけです。

> あれ？
> over and over again という表現を聞いたことがあるんだけど、この over and over と同じ意味かニャ？

> そうです。over and over again（何度も繰り返して）の again は省略して使うことがよくあります。

ことばは反復で強くなる！

ここでも「強調表現」をもう少し見ていきましょう。5つのパターン紹介します。

(1) 再帰代名詞による強調

- He did it **himself**.

  （彼はそれを自分自身でやりました）

  > He did it himself. は、He himself did it. とも言えるぞ！ ただし、He did it himself. のほうがよく使われるがな。

- Wash your clothes **yourself**!

  （自分の服は自分で洗いなさい！）

(2) 同一語句の反復による強調

over and over（重ね重ね）、again and again（何度も）のように、and を用いて**同一語句を繰り返す**ことで強調できます。

- We **talked** and **talked**.
  （私たちは話し続けました）

> もっと強調したい場合には、talkedを2度ではなく、3度繰り返して、We talked and talked and talked. と言うこともできるぞ。

- She practiced the piano for **hours** and **hours**.
  （彼女は何時間もピアノを練習しました）

ゲッ！

(3) 関係詞などを用いた強調

関係詞の what や、**all** を使って強調することもできます。これらを用いると、is の後の部分に来る補語を強調することができます。

- **What** I like about him is his sense of humor.
  （私が彼の好きなところは、彼のユーモアのセンスです）
- **What** he needs is a proper education.
  （彼が必要なのは、正規の教育です）
- **All** you have to do is (to) wait and see.
  （あなたは成り行きを見てさえいればいいです）

> All の後には、関係代名詞の that が省略されています。

- **All** that matters is your faith.
  （あなたの信仰こそが大切なのです）

(4) very や all で名詞を強調

- This is the **very** book that I have wanted so long.
  （これこそまさに私がずっと欲しかった本です）

> この場合の very と次の all はどちらも形容詞です。

- She is **all** happiness.
  （彼女は幸せそのものです）
  [＝ She is happiness **itself**.]

(5) 副詞の that・this を用いた強調

「あんなに、そんなに」「こんなに」の意味で使われることがあります。

- Ⓐ　I caught a gigantic fish yesterday. It was **this** big.
  　　（俺は昨日巨大な魚を捕まえたんだ。こんなに大きかったぜ）
- Ⓑ　**That** big?　Are you sure?
  　　（そんなに大きかったの？　本当に？）

Exercise

1 日本語の意味に合うように（　）に適当な語(句)を下の語群 a〜i の中から選んで入れてください。ただし、文頭に来る語も小文字で示しています。また、2回使われる語も1つあります。

① You must do the work (　).
（あなたはその仕事を自分自身でやらなければなりません）

② We worked (　) worked all day long.
（私たちは一日中働きました）

③ (　) a word did he say to us.
（彼は私たちに一言もしゃべりませんでした）

④ This is the (　) place that I have long wanted to visit.
（ここここそまさに私が長い間訪れたいと思っていた所です）

⑤ He talked on and (　) for three whole hours.
（彼の話は延々3時間にも及びました）

⑥ (　) did he dream of breaking his leg while skiing.
（彼はスキー中に足の骨を折ろうとは夢にも思いませんでした）

⑦ She was (　) smiles.
（彼女は満面に笑みを浮かべていました）

⑧ He read the novel again and (　).
（彼はその小説を何度も繰り返し読みました）

⑨ (　) I want to do is take it easy at home.
（私がしたいことは、ただ家でゆっくりすることだけです）

⑩ (　) is good about this vacuum cleaner is that it is very easy to use.
（この掃除機のよいところは、とても使いやすいという点です）

　　a. all　　b. again　　c. yourself　　d. and　　e. what
　　f. little　　g. on　　h. very　　i. not

解答 　1　① c　② d　③ i　④ h　⑤ g
　　　　⑥ f　⑦ a　⑧ b　⑨ a　⑩ e

第57話 主語＋be動詞って省略できるの？

> **key** 接続詞の後の〈主語＋be動詞〉が、主節の主語と同じ場合は省略可能！

Ⓐ How in the world did you come up with that idea?
（いったいどうやってそのアイデアを思いついたの？）

Ⓑ I just thought of it while taking a shower.
（シャワーをしているときにただ浮かんで来ただけだよ）

さて、英文の中で〈主語＋be動詞〉を省略できる場合があることを知っていますか？

そんなことできるのかニャ!!
だって、〈主語＋be動詞〉って、文の核みたいなものじゃニャいのか！ そんなの省略して、いいのかニャ？

キミの言うとおり、〈主語＋be動詞〉が主節であれば、省略はできません。でも、主節でなければ、省略ができるのです。

たとえば、会話例の Ⓑ の I just thought of it while taking a shower. の文は、もともとは、
　I just thought of it while I was taking a shower.
だったのです。ここから、while に続く〈主語＋be動詞〉の部分、つまり I was が省略されています。そんなことができるのも、副詞節となる while I was taking a shower の主語が I であり、主節の I と同一だからです。

なるほど。わかり切った部分は省略して、文を簡潔にするってことニャ。日本語でもよくやるもんニャ。

語句の繰り返しを避けることによって、言葉が引き締まり、リズム感がよくなります。それは聞く方にとっても、うれしいことですね。

ついに英語も省エネの時代に突入したってことニャ…

そこまで言うと論理の飛躍ですが…。
省略にも、いろいろなパターンがあります。

最も重要な省略の3つのパターン！

「省略」にはいろんなケースがありますが、ここでは最も重要な3つのパターンを紹介しましょう。

(1) 副詞節における〈主語＋be動詞〉の省略
　副詞節の主語が主節の主語と同一の場合に起きます。特に、when, while, if, unless, though [although] などの**接続詞に導かれる副詞節**で、省略はよく見られます。

- He often went fishing **when he was young**.
  （**彼は若い頃**、よく魚釣りに行きました）
  ➡ He often went fishing **when young**.

He often went fishing when he was young.

- A computer can be very useful **if it is correctly used**.
  （**コンピュータは正しく用いれば**、とても役に立ちます）
  ➡ A computer can be very useful **if correctly used**.
- **Though he is well-known in Hollywood**, the actor is living a messed-up life.
  （**その俳優はハリウッドでは有名ではあるが**、めちゃくちゃな私生活を送っています）
  ➡ **Though well-known in Hollywood**, the actor is living a messed-up life.

(2) 慣用的な it is や there is などの省略

副詞節を導く接続詞のあとの〈it + be 動詞〉や〈there + be 動詞〉は、慣用的に省略されることがあります。

- Please contact me at any time, **if** (it is) **necessary**.
  （**必要ならば**、いつでも連絡してください）
- **If** (it is) **possible**, could you call me tomorrow?
  （**もし可能でしたら**、明日お電話いただけますか）

- There are few mistakes, **if** (there are) **any**, in his composition.
  （彼の作文には、**たとえあるとしても**、誤りがほとんどありません）

  > この if は even if と同じ意味で使われているぞ。

- You must finish this work, **however hard** (it is).
  （**どんなに難しくても**、この仕事は終えなければなりません）

(3) 同一語句の省略

文を簡潔にするために、**一度出た語句の繰り返しを避ける**ことはよくあります。

- Nancy got up early and **(she)** went for a jog.
  （ナンシーは朝早く起きて、ジョギングに行きました）

  ※ and, or, but のあと、先行文との共通要素は省略することができます。

- Some people favor long trips, and others **(favor)** short trips.
  （長期の旅行を好む人もいれば、短期の旅行を好む人もいます）

  ※ 同じ構造の文が続くため、後の動詞が省略されています。

  - I traveled to Finland last year as I had always wanted to **(travel there)**.
  （ずっと行きたくて仕方がなかったフィンランドに昨年旅行しました）

  ※ to だけを残して、動詞の原形が省略されています。

挿入することで、会話がなめらかに！

次に、「省略」の反対の「挿入」についても簡単に見ておきましょう。説明や注釈などを加える場合、**コンマ (,)** や**ダッシュ (—)** を使って語句や節が挿入されます。主に書き言葉で用いられます。

(1) 慣用的な挿入句

- That gentleman is, **in fact**, a famous singer.
  （あの紳士は、**実は**有名な歌手です）

- We visited several cities in Belgium, **for example**, Brussels, Antwerp and Bruges.
  （私たちはベルギーのいくつかの都市、**たとえば**、ブリュッセルやアントワープ、ブルージュを訪れました）

> その他、よく用いられる挿入句として、次のようなものもあります。

よく用いられる挿入句	
after all　結局は	in short　つまり
as a result　結果としては	of course　もちろん
as a rule　概して	on the contrary　それどころか
by the way　ところで	on the other hand　その反面
in a sense [＝ in a way]　ある意味では	so to speak　いわば
in general　一般的に	to be sure　確かに
in other words　言いかえれば	

> その他、よく使われる挿入節には as far as I know（私の知っている限りでは）、as it is（実際は）、as it were（いわば）などがあります。

(2) 慣用的な挿入節

- Tea ceremony is, **as you know**, traditional Japanese culture.
  （茶道は、**ご存じのとおり**、日本の伝統文化です）
- It got dark, and **what was worse**, it began to rain.
  （暗くなり、**さらに悪いことには**、雨が降り出しました）

(3) I think のような〈主語＋動詞〉の節の挿入

- Professor Sullivan is, **I think**, very kind and understanding.
  （サリバン教授は、**私が思うに**、とても親切で思いやりがあります）

> その他、I hope（私が望むに）、I believe（私が信じるに）、I imagine（想像するに）、it seems（どうやら）などもよく挿入されます。

Exercise

1 次の各文の省略できる部分を省略して、書き換えてください。

① Though he was tired, he continued to work into the night.
② Are you coming on Thursday or on Friday?
③ Beth said she would come, but she didn't come.
④ Please correct errors, if there are any.
⑤ I don't jog much lately, but I used to jog a lot.

解答 **1** ① Though tired, he continued to work into the night.
（彼は疲れていましたが、夜遅くまで働き続けました）
② Are you coming on Thursday or Friday?
（あなたは木曜日に来るのですか、それとも金曜日ですか）
③ Beth said she would come, but she didn't.
（ベスは来ると言いましたが、来ませんでした）
④ Please correct errors, if any.
（誤りがあれば、訂正してください）
⑤ I don't jog much lately, but I used to a lot.
（最近はあまりジョギングはしませんが、昔はずいぶんやりました）

第58話 2つを並べる同格(どうかく)の技

key that 節、名詞の並列、of の使用！

Ⓐ **I heard the news that Lisa is getting married soon.**
（リサがもうすぐ結婚するという知らせを聞いたよ）

Ⓑ **Is that right? Who did you hear it from?**
（そうなの？ 誰から聞いたの？）

最後の学びでは、that をうまく使いこなす方法について考えてみましょう。

まずは「同格」からやってみたらどうだ？

ニャンだ、その同格って？

同格は「同じ格」と書くくらいなので、同レベルというイメージととらえてよいでしょう。名詞のあとに that 節を使って「…という〜」と表現するあれですよ。

あれってアバウトな・・・

例で示しましょう。たとえば、会話例のⒶにある I heard the news that Lisa is getting married soon. ですが、ここでは、the news（知らせ）の内容が、直後の that 節でくわしく説明されていることに気づきましたか？

このような場合、「名詞と that 節が同格になっている」と言うんだぞ。

しかし、「名詞＋that 節」の形だけが同格の表現ではありません。

My best friend Todd is a lawyer.
（私の親友のタッドは弁護士です）

という文をご覧ください。この文では、My best friend と Todd が同格の関係にあります。名詞を並列することで、一方がもう一方を説明する関係になっているわけです。

名詞と名詞（節）を並べることで互いの情報を補い合える！

(1) 〈名詞＋名詞〉
- He is **my cousin** Carl.
（彼は私のいとこのカールです）

- **Karen Kingsbury, an American bestselling author,** has written more than 30 novels.
  （アメリカのベストセラー作家、カレン・キングズベリーは30以上の小説を書いています）

(2) 〈代名詞＋名詞〉

- **We Japanese** live on rice.
  （我々日本人は米を主食としています）
- **We** — that is to say, **my wife and I** — are going to France next month.
  （私たち、つまり妻と私は来月フランスに行きます）

(3) 〈名詞 + of + (a) + 名詞〉

  (A) 「…という～」

  - the city **of** Boston
    （ボストンという都市 ➡ ボストン市）
  - the art **of** painting
    （絵画という芸術 ➡ 絵画芸術）

- the news **of** her mother's death
  (彼女の母親の死という知らせ ➡ 彼女の母親の訃報)

(B)「…のような〜」
- an angel **of** a girl
  (天使のような少女)
- this jewel **of** an island
  (この宝石のような島)

(4) 〈名詞 + that 節〉
- I couldn't accept **the fact that** he was arrested for drugs.
  (私は彼が麻薬で逮捕されたという事実を受け入れることができませんでした)
- We came to **the conclusion that** this strategy was the best.
  (私たちはこの方策が最善だという結論に達しました)
- There is **a possibility that** he will change his mind.
  (彼が考えを変わる可能性はあります)

以下は同格節をうしろに置ける主な名詞です。

①**思考・感情・認識に関する名詞**
assumption (仮定)、belief (信念)、concept (概念)、claim (主張)、conclusion (結論)、decision (決心)、desire (願望)、doubt (疑い)、expectation (期待)、evidence/proof (証拠)、feeling (感情)、idea/thought (考え)、impression (印象) , hope (希望)、opinion (意見)、proposal/suggestion (提案)、view (見解) など

②**事実・情報・伝達に関する名詞**
fact (事実)、information (情報)、knowledge (知識)、news (知らせ)、report (報告)、rumor (噂)、truth (真実) など

③**可能性に関する名詞**
chance (機会)、possibility (可能性) など

第58話 2つを並べる同格の技

ところで、「名詞のあとの that 節」は
いつも同格の that なの？

いいえ、関係代名詞の場合もあるので、見分ける方法を
ご紹介しましょう。次の2つの文を見比べてください。
① **I know the fact that he stole my money.**
　（私は彼が私の金を盗んだという事実を知っています）
[検証] この that は the fact と同格の名詞節を導く接続
　　詞、つまり「同格の that」です。
② **I know the fact that he hides from me.**
　（私は彼が私に隠している事実を知っています）
[検証] hides のあとに目的語がないので、この that は
　　目的格の「関係代名詞」であり、the fact は先行詞で
　　あることがわかります。
that 以下の文が完全文か不完全文かで、見分けることが
できますよ。①のように同格の that の場合には、that
以下が**完全な文**として成立しています。一方、②のよう
な関係代名詞の that の場合には、that 以下が**不完全な
文**になっています。

主語が長い文は、ネイティブスピーカーは嫌がるぞ！

そうですね。そこも押さえておきましょう。たとえば、

A rumor that our English teacher is going to quit school after this semester is spreading.
（私たちの英語の先生は今学期終了後に学校を辞めるという噂が広まっています）

この文はあまりにも頭でっかちな文になっており、読みづらいですから、ネイティブスピーカーはこのような文体を嫌う傾向があります。そこで、通常は次のような文が好まれます。

⇒ **A rumor** is spreading **that** our English teacher is going to quit school after this semester.

(5) 動名詞・to 不定詞を用いた同格表現

(A) 〈名詞＋of＋動名詞〉

- You should drop **the idea of making** easy money.
 （あなたはラクして金を稼ぐという考えを捨てるべきです）

(B) 〈名詞＋to 不定詞〉

- He has **a plan to study** abroad.
 （彼には留学をするという計画があります）

Exercise

1 次の英語を日本語に訳してください。

① The Japanese capital, Tokyo, is one of the largest metropolises in the world.
② In those days the dictator of the country was a devil of a man.
③ I had no idea that you would be here too.
④ There is no doubt that he committed the crime.
⑤ She has a strong desire to succeed as a singer.

2 次の日本語を同格表現を用いて、英訳してください。

① こちらは私の友達のアレックス（Alex）です。
② 私たちの数学の先生であるスミス先生をご存じですか。
③ "holiday" という語の由来は何ですか。
④ 彼が試験に合格したという知らせに、私たちは嬉しくなりました。
⑤ その患者が病気から回復する望みは全くありません。

解答 1 ① 日本の首都、東京は世界で最大の大都市の1つです。
② 当時、その国の独裁者は悪魔のような男でした。
③ あなたもここに来るなんて知りませんでした。
④ 彼がその犯罪を犯したことに疑いの余地はありません。
⑤ 彼女には歌手として成功したいという強い願望があります。

2 ① This is my friend Alex.
② Do you know Mr. [Ms.] Smith, our math teacher?
③ Where does the word "holiday" come from?
④ The news that he passed the exam made us happy.
　［We were happy to hear the news that he passed the exam. でも OK］
⑤ There is no hope that the patient will recover from the illness.

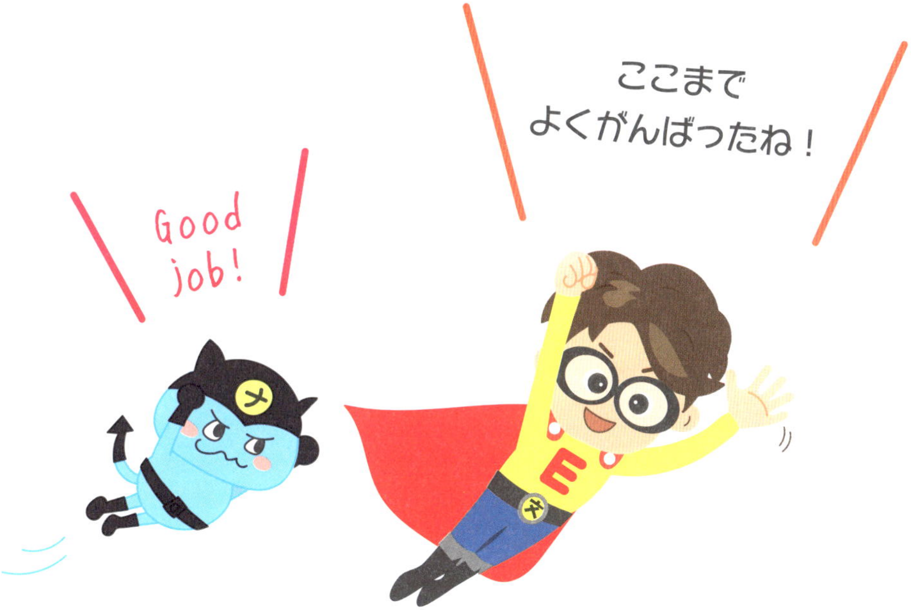
Good job!
ここまでよくがんばったね！

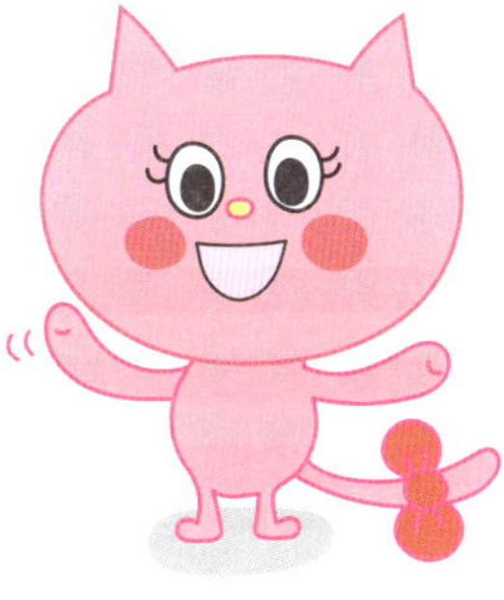

● 著者紹介

宮野 智靖　Miyano Tomoyasu

広島県出身。ペンシルベニア州立大学大学院スピーチ・コミュニケーション学科修士課程修了 (M.A.)。現在、関西外国語大学短期大学部教授。
主要著書：『ネイティブ厳選必ず使える英会話まる覚え』『この84パターンで世界中どこでも通じる英会話』(以上、Jリサーチ出版)、『TOEICテスト予想模試』(旺文社)、『TOEIC® TEST 究極単語 Basic 2200』『TOEFL ITP® TESTリスニング完全攻略』(以上、語研)、『新 TOEIC®テスト文法問題は20秒で解ける！』(アスク出版)。

ミゲル・E・コーティ　Miguel E. Corti

米国ニュージャージー州出身。ニュージャージー大学卒業。ECC外語学院テキストライターを経て、現在(株)カプコンに勤務(ゲーム・ローカライザー)。フリーランス翻訳者、ライター、英文校閲者としても活躍中。
主要著書：『すぐに使える英会話ミニフレーズ 2500』『すぐに使える英会話超万能ミニフレーズ 300』『ビジネスで1番よく使う英語Eメール』(以上、Jリサーチ出版)、『新 TOEIC® TEST リスニング完全攻略』『新 TOEIC® TEST リーディング完全攻略』『新 TOEIC® TEST プレ受験600問』(以上、語研)。

本書へのご意見・ご感想は下記URLまでお寄せください。
http://www.jresearch.co.jp/kansou/

カバーデザイン	秋田 綾 (株式会社レミック)
本文／カバーイラスト	池上真澄
本文デザイン／DTP	ポイントライン
文字校正	巣之内史規
音声ナレーション	Carolyn Miller／Dominic Allen
	都さゆり／藤田みずき

みんなの英文法マン　〜中高6年分の英語まるっと入門〜

平成28年(2016年)11月10日　初版第1刷発行

著　者	宮野智靖／ミゲル・E・コーティ
発行人	福田富与
発行所	有限会社　Jリサーチ出版
	〒166-0002 東京都杉並区高円寺北2-29-14-705
	電　話　03(6808)8801(代)　FAX 03(5364)5310
	編集部　03(6808)8806
	http://www.jresearch.co.jp
印刷所	(株)シナノ パブリッシング プレス

ISBN978-4-86392-311-9　禁無断転載。なお、乱丁・落丁はお取り替えいたします。
©2016 Tomoyasu Miyano, Miguel E. Corti, All rights reserved.